Siegmund Günther

Columbus und die Erweiterung des geographischkosmischen

Horizontes

Siegmund Günther

Columbus und die Erweiterung des geographischkosmischen Horizontes

ISBN/EAN: 9783743694996

Hergestellt in Europa, USA, Kanada, Australien, Japan

Cover: Foto ©ninafisch / pixelio.de

Weitere Bücher finden Sie auf **www.hansebooks.com**

Columbus

und die
Erweiterung des geographisch-kosmischen Horizontes.

Von

Professor S. Günther
in München.

Hamburg
Verlagsanstalt und Druckerei A.-G. (vormals J. F. Richter).
1892.

Druck der Verlagsanstalt und Druckerei Actien-Gesellschaft
(vormals J. F. Richter) in Hamburg.

Von der Mitte des 15. Jahrhunderts ab datiren jene großartigen Fortschritte in der Erkenntniß, durch welche das Wissen der Menschen von tellurischen und kosmischen Dingen eine so rasche und grundstürzende Umgestaltung erfuhr. Die Entdeckungen der Portugiesen machten es zur Gewißheit, daß eine „unbewohnbare" Erdzone zu den Fabeldingen gehöre, daß vielmehr überall, wohin der Fuß des Forschers bringe, auf das Vorhandensein von Menschen gerechnet werden dürfe; die Umrisse Afrikas traten klarer hervor, und von 1486 ab konnte kein Zweifel mehr darüber obwalten, daß der lange gesuchte Seeweg nach den Wunderländern des Ostens im Bereiche der Möglichkeiten liege, ja eigentlich bereits gefunden sei. Gleichzeitig aber nahm die seit Ptolemäus' Zeit nicht um einen merkbaren Schritt vorgerückte Astronomie unter den Händen eines Peurbach und Regiomontan eine andere Gestalt an; die Anerkennung der Kometen als selbständiger Himmelskörper ließ die alte aristotelische Hypothese von den himmlischen Krystallsphären immer unwahrscheinlicher erscheinen, und während so Regiomontans freier Geist der großen geozentrischen Reform Coppernics die Wege bahnte, verbesserte ebenderselbe ein allerdings schon länger bekanntes Beobachtungswerkzeug, den sogenannten Jakobs-

stab. derart,[1] daß nunmehr die Anstellung astronomischer Beobachtungen auf schwankendem Schiffe — und damit hing wieder
der Uebergang vom ängstlichen Segeln längs der Küste zur
Hochseeschiffahrt aufs engste zusammen — mit einiger Sicherheit gewagt werden konnte. Und in eben dem Jahre 1492,
welches dem großen Entdecker Columbus die Erfüllung seiner
kühnen Träume brachte, fertigte der ihm geistesverwandte Deutsche
Martin Behaim in seiner Vaterstadt Nürnberg jenen berühmten
„Erdapfel" oder Globus an, welcher von der Gesamtsumme
erdkundlicher Kenntnisse des Zeitalters ein so übersichtliches Bild
gewährt und uns insbesondere auch mit den unbestimmten Vorstellungen bekannt macht, welche man von Ländern jenseits des
großen, die Westküsten Europas und Amerikas bespülenden
Meeres hegte.[2]

Daß dieses große Räthsel gelöst wurde, das dankt man,
wie Jedermann weiß, dem merkwürdigen Manne, der als Italiener
Cristoforo Colombo, als naturalisirter Spanier Cristobal Colon
hieß, gewöhnlich aber, mit der lateinischen Namensform, Columbus
genannt wird. Die wahrhaft abenteuerlichen Schicksale des
Entdeckers aufzuhellen, ist der Forschungsthätigkeit älterer und
neuerer Zeit in ziemlich hohem Maße gelungen,[3] und wenigstens
die wichtigsten Etappen dieses vielbewegten Lebens vermögen
wir klar zu überblicken. Freilich ist schon der Geburtsort und
die Geburtszeit nicht mit ganz vollkommener Sicherheit festzustellen. Die Ansprüche verschiedener Länder und Städte, einer
solchen Größe das Leben gegeben zu haben, mußten allerdings
bald als hinfällig sich herausstellen, und darüber herrscht kaum
noch irgend ein Zweifel, daß Colombo einer genuesischen Familie
entstammte, aber ob diese Familie zur Zeit, als ihr berühmter
Sprößling das Licht der Welt erblickte, wirklich in Genua selbst
oder in einer anderen Stadt der damals noch über ein ziemlich
großes Gebiet herrschenden Republik wohnte, das ist noch einiger-

maßen strittig, und insbesondere trat von je der etwas westlich von der Hauptstadt gelegene Hafenplatz Savona als Konkurrent hervor. Neuerdings will man sogar für sein Anrecht entscheidende Dokumente ausfindig gemacht haben.[4] Zunächst jedoch muß noch immer die von Ruge vertretene, auf den archivalischen Ermittelungen des Marchese Staglieno beruhende Ansicht als die bestbeglaubigte gelten, daß des Columbus Eltern zu der Zeit, als Christoph geboren ward, in Genua selbst lebten und dort das Weberhandwerk ausübten, dann aber eine Reihe von Jahren in Savona zubrachten, von wo der Vater, dessen Söhne inzwischen längst ins Ausland gegangen waren, 1484 wieder nach Genua zurückkehrte.

Was das Geburtsdatum anlangt, so herrscht darüber eine weit größere Unklarheit. Bernaldez, ein Zeitgenosse des Entdeckers, ließ ihn 1436 geboren sein; Peschel entschied sich für das Jahr 1456; Ruge endlich, auf Grund umsichtiger Prüfung aller Quellen, für das Jahr 1446. Schwanken schon die Angaben über das Jahr, so ist irgendwelche Bestimmtheit hinsichtlich des Tages der Geburt sicherlich noch viel weniger zu erwarten. Jedenfalls dürfen wir annehmen, daß Columbus in den Jahren, während deren er rastlos die Verwirklichung seiner Pläne betrieb und endlich durchsetzte, sich im reifsten und kräftigsten Mannesalter befunden haben muß.

In Italien hat es den unternehmenden Jüngling nicht lange gelitten; er bildete sich in der Heimath als Seemann aus[5] und suchte, etwa als angehender Dreißiger, jenes Land auf, welches für eine Persönlichkeit von hochfliegenden Ideen dazumal die größte Anziehungskraft ausüben mußte, das Königreich Portugal. Hier verheirathete er sich bald mit einer Tochter des Landes, die jedoch, wie er, einem italienischen Geschlechte entstammte. Von der Gattin, Philippa (Felipa) Perestrello, ist uns wenig überliefert, dagegen spielen die beiden aus dieser Ehe hervorgegangenen Söhne Diego (geſt. 1526) und Fernando (geſt. 1539) eine gewiſſe Rolle in der Geſchichte des Vaters. Einiges Dunkel ſchwebt über den erſten Jahren, ſeit ſich Columbus — vermuthlich 1478 — ſeinen eigenen Hausſtand gegründet hatte; gewiß iſt, daß er viele Seereiſen machte, die ihn nach Afrika und England, ſehr vagen Erzählungen nach ſogar bis an die Grenze der Polarwelt,[6] brachten, und daß er ſich auf ihnen zu dem kühnen, wind- und wetterfeſten Schiffsführer ausgebildet hat, als welcher er uns nachmals entgegentritt. Unter allen Umſtänden war er aber nicht immer zur See, denn in eben jenen Jahren hat er ſehr viel geleſen und ſich eine Menge Kenntniſſe angeeignet, welche er im Getriebe des eigentlichen Schiffslebens, ſo unvollkommen daſſelbe auch ſein mochte, nimmermehr zu erwerben vermocht hätte. Ob er dabei ſtetig in Liſſabon oder aber zeitweiſe auf der Inſel Portoſanto, deren Gouverneur ſein Schwager war, ſich aufgehalten hat, das müſſen wir dahingeſtellt ſein laſſen.

Es waren Studien ſehr verſchiedener Art, in welche der nur einer mangelhaften wiſſenſchaftlichen Ausbildung ſich erfreuende junge Mann ſich vertiefte, und man darf ſich nicht darüber wundern, daß er die Menge aufgenommenen Stoffes nicht völlig zu ordnen, zu verarbeiten, zu beherrſchen im ſtande geweſen iſt. Der Autoritätsglaube war in ihm mächtig, wie in allen Zeitgenoſſen, vielleicht ſogar noch mächtiger, da ein entſchiedener Hang zum Myſtiſchen und Abenteuerlichen in ſeinem ganzen Weſen nicht zu verkennen iſt, und wenn ſein Sohn Ferdinand bemerkt,[7] natürliche Gründe, Ausſprüche von Schriftſtellern und nautiſche Indizien ſeien für den Entſchluß ſeines Vaters, eine neue Welt aufzuſuchen, maßgebend geweſen, ſo waren die Argumente der zweitgenannten Gruppe wohl nicht die wenigſt ſchwerwiegenden. Griechiſche und römiſche Autoren, Kirchenväter, Scholaſtiker und profane Geographen, endlich nicht zum mindeſten die heilige Schrift muß er für seine Zwecke exzerpirt haben, und es ist bezeichnend — nicht etwa bloß für ihn, sondern für die gesamte Zeitrichtung —, daß er einen Unterschied zwischen seinen Bezugsquellen nicht gemacht, sondern ihnen insgesamt wesentlich das gleiche Maß von Vertrauen entgegengebracht zu haben scheint. Finden wir doch eine ähnliche Kritiklosigkeit noch auf lange hinaus selbst bei Männern vor, welche an geistigen Fähigkeiten noch über Columbus standen, und da bei Letzterem die kirchliche Frömmigkeit eine ungewöhnlich große war,[8] so mußten die religiösen Schriften, welche er gelesen, eine besonders starke Anziehungskraft auf ihn ausüben.

Mag man auch ungünstig über das eigentliche System denken, welches sich der offenbar geistig isolirte Mann aus seinen Lesefrüchten zusammengestellt hatte, so wird man doch nicht in Abrede stellen können, daß er damals, im Vorbereitungsstadium, ein überzeugter Anhänger der Lehre von der Kugelgestalt der Erde war und diese Lehre nicht bloß dogmatisch festhielt, sondern auch richtige Konsequenzen daraus gezogen hatte. Jene Bedenken, welche ihm später gegen die Sphärizität kamen, lagen ihm damals noch ferne. Es ist ja wahr, daß kein Gebildeter in der zweiten Hälfte dieses Jahrhunderts mehr theoretisch die stetige Krümmung der Erde und im besonderen der Fläche des Ozeanes leugnete, allein verstanden hatten, wie des Columbus spätere Gespräche mit dem zur Prüfung seiner Vorschläge niedergesetzten Ausschusse bekunden, selbst kluge Leute die dogmatisch hinge-nommene Thatsache noch so wenig, daß sie die Möglichkeit, um den Erdball herumzufahren, nicht anerkennen wollten. Hierüber nun dachte Colon völlig klar; es litt für ihn keinen Zweifel, daß man zu Schiffe an den Ostrand des großen aus Europa, Asien und Afrika sich zusammensetzenden Festlandkomplexes müsse ge-langen können, und daß die Rückfahrt in keiner Weise größere Schwierigkeiten bereiten könne als die Hinfahrt. So· selbstverständlich uns Neueren das auch vorkommt, so dürfen wir doch nicht außer acht lassen, daß es immerhin schon ein Verdienst war, über den Sachverhalt in einer Zeit volle Klarheit zu besitzen, welche die Begriffe des Bergauf- und Bergabfahrens auch auf die runde Erde übertragen wissen wollte. Die dem Columbus bekannte Stelle in der „Medea“ des Seneca, daß ein weitsichtiger Seefahrer „neue“, über die Insel Thule hinausliegende Welten entdecken werde, gewann in den Augen des Ersteren so einen ganz bestimmten Sinn und hat ersichtlich dazu beigetragen, seine Spekulationen eine festere Gestalt annehmen zu lassen.[9] Freilich hätte er sich den Einwurf machen können, wenn auch theoretisch möglich, möchte die Entdeckungsfahrt doch vielleicht in Wahrheit unausführbar sein wegen der ungeheuren Entfernung, die zwischen der Ostküste Asiens und der Westküste Europas bestehe, allein hier half die glückliche Unwissenheit aus, in welcher man sich fast allgemein in Bezug auf die Größe des vom Meere überdeckten Areales befand. Fast alle Gelehrte huldigten der Ansicht, daß das Festland bei weitem überwiege, und daß die Strecke, auf welche, wie wir heute wissen, der Atlantische Ozean, Nordamerika und der Stille Ozean entfallen, gar nicht so sehr beträchtlich sein könne.[10] Auch eine Bibelstelle mußte sich eine dem Plane günstige Auslegung gefallen lassen,[11] und ein allgemein geachtetes Werk, das „Weltbild“ des Kardinals D'Ailly, konnte als schweres Geschütz die Entscheidung bringen; daß gerade die entscheidenden Sätze dieses rein kompilatorisch abgefaßten Werkes nicht original, sondern dem selbständigeren Roger Bacon entnommen waren, that begreiflicherweise nichts zur Sache.

In Wirklichkeit hatte jedoch Columbus eine Rückendeckung von noch größerem Gewichte, denn er durfte sich auf das Gutachten eines Mannes stützen, den man allseitig als einen der sachkundigsten Richter auf diesem Gebiete betrachtete, und zwar mit vollem Recht. Paolo Toscanelli (1397—1482), Arzt und Mathematiker in Florenz, war der Erste, der, indem er die Berichte eines Ptolemäus und Strabon aus alter Zeit mit denen späterer Reisender — Marco Polo und Niccolò be' Conti — verglich, ein Bild des östlichen Asiens im Geiste zu entwerfen und kartographisch zu fixiren wagte.[12] Er mußte, ohne daß man ihn dieses Schlusses halber zu tadeln berechtigt wäre, auf die Meinung verfallen, daß China sehr weit nach Osten sich erstrecke, und daß jenes halb sagenhafte Land Zipangu, von dem man eben durch den venetianischen Weltreisenden wußte, noch um ein gutes Stück weiter draußen im Meere liege, so daß also derjenige Parallelkreis, welcher die Landmasse der bekannten Erdfeste in ihrer größten westöstlichen Ausdehnung durchschneidet, zu ²/₃ in das Innere des Kontinentes und nur zu ¹/₃ in den Ozean falle. Eine Weltkarte, für deren Konstruktion diese Hypothese die Norm abgab, übermittelte Toscanelli 1474 dem portugiesischen König Affonso V., ihn zugleich auffordernd, den zur Erreichung Indiens abzuschickenden Expeditionen die neue und bessere Richtung direkt nach Westen anzuweisen. Eigentlichen Erfolg hatte dieser Vorschlag nun freilich nicht, denn der König fand denselben doch zu weitaussehend, aber mittelbar war die Wirkung eine um so bedeutendere, denn Columbus erfuhr von den Ideen Toscanellis, trat mit deren Urheber sofort in Briefwechsel und ließ sich von ihnen so durchdringen, daß er von nun als der Mandatar des toskanischen Gelehrten erscheint und die ganze agitatorische Kraft seiner gewaltigen Natur daran setzt, den auf einen neuen Seeweg abzielenden Grundgedanken seines Berathers der Verwirklichung zuzuführen.[13]

Zunächst galt es, den neuen König João II., der eine energischere Persönlichkeit als sein Vorgänger war, für den Plan zu interessiren, und an Bemühungen, dieses Ziel zu erreichen, hat es Columbus nicht fehlen lassen. Vielleicht, ja

wahrscheinlich wäre es ihm auch gelungen, die Räthe des Fürsten
und diesen selbst der Sache günstig zu stimmen, wenn nicht ein
nicht sehr sympathischer Zug in dem Charakter des merkwürdigen
Mannes diesen zuletzt um alle Früchte seiner Bemühungen gebracht hätte. Wenn derselbe von dem, was er erstrebte, groß
dachte und für das Gelingen der kühnen Unternehmung auch
einen angemessenen Lohn begehrte, so kann ihm dies an und
für sich noch nicht zum Vorwurf gemacht werden, allein die
Forderungen, welche er stellte, gingen in der That über das
Mögliche hinaus, sie übertrafen noch weit das, was er späterhin
von der Krone Spanien verlangt und großentheils auch erreicht
hat. Es kam dazu, daß der reizbare Mann sich in einen für
ihn fatalen Rechtshandel verwickelte,[14] und da ihm solchergestalt
der Boden Lusitaniens immer weniger zusagte, so verließ er
dieses Land als Flüchtling und wandte sich dem benachbarten
Spanien zu. Noch immer waren die Unterhandlungen nicht
gänzlich abgebrochen, wie ihn denn João unter Zusicherung
vollster Amnestie zur Rückkehr in seine Staaten aufforderte,
allein da Columbus sich inzwischen des Schutzes und der Gönner-
schaft einiger hochgestellter Spanier versichert hatte, so löste er
endgültig die Verbindung mit Portugal. Es galt jetzt für ihn,
seinen Plänen eine andere Richtung zu geben, denn den Spaniern
war die Länderentdeckung weit weniger wichtig, als den Portugiesen, da die beiden dort herrschenden Monarchen, König
Fernando von Aragon und Königin Isabel von Kastilien, noch
immer in einen blutigen Krieg mit den die Südprovinz der
pyrenäischen Halbinsel zähe festhaltenden Mauren verwickelt
waren. Gerade das aber paßte dem Frömmigkeit und weltlichen Wagemuth in seltenem Maße in sich vereinigenden An-
kömmlinge: die religiöse Seite war es, welche er von nun
an vorwiegend anschlug, und indem er den Machthabern vor-
stellte, welches Verdienst sie sich einerseits durch die Bekehrung

frember Völker erwerben und wie sie andererseits durch die bei
diesen zu findenden Reichthümer sich in den Stand versetzen
würden, den Krieg gegen die Ungläubigen in einem ganz anderen
Umfange aufzunehmen, hatte er auch die empfindende Seite der
hochgestellten spanischen Kreise berührt. Denn während in
Portugal der nüchterne geographisch-merkantile Gesichtspunkt die
Situation beherrschte, wog in Spanien noch die romantische
Anschauungsweise des mittelalterlichen Rittertums vor, und es
leuchtet ein, daß dieser Denkart Columbus selbst ungleich näher
als jener stand.[15] Und so machte er denn auch bei den Spaniern
sein Glück, während ihm dies bei deren stammverwandten Nach-
baren im Westen versagt geblieben war.

Fürs erste freilich waren seine Erfolge auch hier noch nichts
weniger als ermuthigend, und ein Mann von minder zähem
Wesen hätte auch hier keinen Sieg errungen. Denn obwohl die
kastilische Königin ihm stets eine freundliche Gesinnung bewahrte
und ihm eine kleine Pension auszahlen ließ, welche ihm die
lange Wartezeit wenigstens einigermaßen erträglich machte, so
war der Hof durch die berühmt gewordene „Disputation von
Salamanca“ doch so kopfscheu gemacht worden, daß man sich
zu keiner ernstlichen Unterstützung der scheinbar uferlosen Pro-
jekte aufzuraffen vermochte. Um nämlich ein fachmännisches
Urtheil über diese zu erhalten, trat in der altberühmten Uni-
versitätsstadt ein Ausschuß von Experten zusammen, vor welchem
Columbus seine Gedanken entwickeln, dessen Einwendungen er
widerlegen sollte. Das war nun freilich eine etwas bunte und
ihrer Aufgabe ganz und gar nicht gewachsene Gesellschaft,
denn seit den Zeiten des großen astronomischen Königs Al-
fonso XII. war es in Spanien mit Kapazitäten auf dem Gebiete
der mathematischen Wissenschaften nicht besonders bestellt, und
die Prüfungskommission, welche über Colons Geschick zu ent-
scheiden hatte, zählte keinen nur irgendwie bekannteren Namen

unter ihren Mitgliedern. Es mag ja wohl sein, daß las Casas, dessen Schilderungen unsere wichtigste Quelle bilden, absichtlich die Gegner des von ihm hochverehrten Entdeckers in keinem günstigen Lichte erscheinen lassen wollte, allein Argumente wie dasjenige, dessen wir oben (S. 7) schon gedachten, sprechen in der That an sich eine recht deutliche Sprache. Wie dem auch sei, soviel brachten die einflußreichen Krittler doch zuwege, daß die Königin nicht den Muth fand, das erlösende Wort auszusprechen, und nach mehr denn drei Jahren schmerzlichen Hangens und Bangens schien der endgültige Ausgang der Verhandlungen sich ganz ähnlich wie früher in Portugal gestalten zu wollen. Tief mißgestimmt, verließ der so lange Hingehaltene das Hoflager, welches sich damals, des Krieges halber, im äußersten Süden des Königreiches befand, und wanderte in Begleitung seines Sohnes an die Küste, um sich nach Frankreich einzuschiffen und dort einen letzten Versuch zur Realisirung seines Lebensplanes zu machen. Ob ihn vielleicht dazumal bereits eine geheime Hoffnung geleitet hat, daß man, wenn man ihn Ernst machen sehe, ihn zurückrufen und so behandeln werde, wie er behandelt sein wollte, bleibt freilich unentschieden.

Von Sevilla, wo er zuletzt gelebt, wandte er sich dem andalusischen Hafenstädtchen Palos zu, demselben Palos, das in Bälde die Wiege seines Ruhmes werden sollte, um hier Schiffsgelegenheit für die beabsichtigte Reise nach Frankreich zu finden. Auf dem Wege dahin nahm er die Gastfreundschaft des Klosters Rabida [16] in Anspruch, dessen Prior zufällig ein Geistlicher von höherer Bildung und schärferem Blicke war, als sie bei den meisten seiner Amtsgenossen von damals gesucht werden durften. Als die Mittheilung des Pförtners über das Ungewöhnliche in der Erscheinung und im Auftreten des Fremdlings seine Aufmerksamkeit erregt hatte, besprach er sich selbst mit Columbus, der mit seinen Aeußerungen nicht zurückhielt. Um noch sicherer

zu gehen, ließ Perez ben Arzt Garcia Hernandez aus bem nahen
Palos rufen, ben er als gebilbeten, namentlich in ber Kosmo-
graphie bewanberten Mann kannte, unb Beibe verständigten sich
bahin, baß man einen solchen Gast nicht Spanien ben Rücken
kehren lassen bürfe.[17] Der Prior bot ihm seinen Konvent zu
längerem Verweilen an unb schickte Botschaft über bas Geschehene
an bie Königin, in beren Umgebung man ben Verlust bes kühnen
Mannes wohl um so mehr bebauern mochte, als berselbe im
Schaßmeister Luis be Santangel einen treuen Fürsprecher besaß.
Zubem war ber Augenblick, in welchem bie Nachricht aus Rabiba
eintraf, ein überaus günstiger. Der Fall Granabas, ber leßten
Maurenfeste, stanb vor ber Thüre; Herrscher, Heer unb Volk
befanben sich in ber gehobenen Stimmung, aus ber heraus
leichter Entschlüsse von ungewöhnlicher Tragweite gefaßt werben.
Granaba mußte sich ergeben; Spaniens Boben war enbgültig
von mohammebanischer Herrschaft befreit. Nochmals freilich
ergaben sich Schwierigkeiten, weil Columbus — wie in Portugal
(s. S. 10) — Forberungen stellte, welche man zu bewilligen ge-
rechten Anstanb nahm, unb fast wäre er wieberum unverrichteter
Sache abgereist, allein ber einflußreiche Santangel beseitigte auch
biese leßten Hindernisse, unb am 17. April 1492 wurde ber
Staatsvertrag abgeschlossen, burch ben Columbus' Wünsche in
ber Hauptsache erfüllt wurben. Er wurde Abmiral unb Gene-
ralgouverneur aller von ihm zu entbeckenben Länber; auch wurde
ihm ber Zehnte bes ganzen Gewinnes zugesprochen, ben bie
Krone aus seinen Unternehmungen zu ziehen hoffte, unb auch
an bem Handel mit ben neuen Länbern sollte er sich in für ihn
sehr lukrativer Weise betheiligen bürfen. So gaben bie Monarchen
von ben ihnen zustehenben Hoheitsrechten einen nicht unbeträcht-
lichen Antheil an Don Colon, wie er von jeßt an heißt, ab,
unb bie Erringung großartiger Schäße war in seine eigene Hanb
gestellt; bas freilich, was ber Staat an Gelbmitteln für bie

Expedition direkt hergab, kann die königliche Kasse nicht in dem
Maße angegriffen haben, wie man es gemeiniglich dargestellt
findet, denn die Gesamtkosten für Ausrüstung und Bemannung
der Schiffe machten nicht ganz 30000 Mark unseres Geldes
aus,[18] und diese Summe erscheint selbst dann nicht übertrieben,
wenn man sich erinnert, daß vor vierhundert Jahren der Geld-
werth ein höherer war, als er es heutzutage ist.

Die Flotille, aus der Santa Maria, Pinta und Niña be-
stehend,[19] hatte im ganzen 120 Mann an Bord; von den
Unterbefehlshabern haben sich hauptsächlich die Gebrüder Martin
Alonso und Francisco Martin Pinzon einen Namen gemacht,
Mitglieder einer Schifferfamilie aus Palos, die sich bereits bei
den Vorbereitungen zur Fahrt mit Rath und That betheiligt
hatten. Am 3. August genannten Jahres fuhr das Geschwader
von Palos aus und lief zunächst die — schon seit geraumer
Zeit unter spanischer Herrschaft stehenden — kanarischen Inseln
an, wo zu Reparaturzwecken ein längerer, dem Admiral sehr
unbequemer Halt gemacht werden mußte. Er benützte die Zeit
der unfreiwilligen Muße, um für sich und seine Begleiter neue
Belege betreffs der Durchführbarkeit des Unternehmens zu
sammeln, Belege, deren er selbst zwar kaum bedurfte, die aber
dem schon ein wenig gesunkenen Muthe der Bemannung immerhin
etwas aufhelfen mochten. Unten den Argumenten, die Colon
schon in Portugal vorgebracht hatte (s. S. 6), standen nämlich
neben den Autoritäten der Schriftsteller die indirekten Indizien
obenan, welche man in den am meisten gegen den Ozean vorge-
schobenen portugiesischen und spanischen Inseln für das Vorhandensein eines Landes im Westen bemerkt haben wollte,[20] und die
Bewohner von Gomera und Ferro gaben sogar die tröstliche
Versicherung ab, daß unter günstigen Umständen dieses Land
im Gesichtskreise ihrer Eilande sich zeige. Das war nun freilich
eine liebenswürdige Unwahrheit, welche Columbus gewiß als solche

erfannte, allein er befand fich in einer Lage, in der ihm alle
Dinge zum beften dienen mußten, und fo wird er wohl, wenn
er die verzagte Mannschaft haranguirte, nicht verfehlt haben,
mit den angeblichen Wahrnehmungen der fpanischen Koloniften
gebührend Staat zu machen.

Erft am 6. September verließ man den schützenden Strand
der Kanarien und vertraute fich dem offenen Meere an. Die
Fahrt felbft mit allen ihren Begebenheiten ift durch wiffen-
schaftliche und volksthümliche Darftellungen fo bekannt geworden,
daß diefe Skizze fich einer eingehenden Darftellung der Einzelheiten wohl entschlagen darf. Man weiß, daß der Admiral
ein doppeltes Tagebuch führte, deren eines die nach feiner An-
ficht genauen Diftanzmessungen enthielt,[21] während das andere,
der Einficht feiner Begleiter zugängliche, die Entfernungen ab-
fichtlich geringer angab, als fie wirklich waren. Man weiß
ferner, daß kleine Vorkommnisse — das Erscheinen von See-
vögeln, das Auffischen von Landpflanzen u. f. w. — immer
wieder Anhaltspunkte boten, Muth und Hoffnung neu zu beleben;
es ift auch bekannt, daß zwischen Colon und den Unterführern
keine vollkommene Einigkeit beftand über die Richtung, nach welcher
gefteuert werden follte, und daß Erfterer nur ungerne den Vor-
fchlägen Pinzons nachgab, die von der bisher eingehaltenen
Richtung ab- und ftatt auf das amerikanische Feftland vielmehr
auf die füdlich angrenzende Inselwelt hinführten. Die mancherlei
neuen Beobachtungen, welche bei diefer erften Durchfurchung der
hohen See[22] angeftellt wurden und zur Bereicherung der wiffen-
schaftlichen Erdkunde dienten, follen nachher im Zusammenhange
gewürdigt werden. Endlich am 12. Oktober, einem Freitag, fah
man mit Entzücken die flache Küfte einer Insel vor fich liegen. Columbus behauptete, diefelbe schon bei Nacht an einem auf ihr brennenden
Lichte erkannt zu haben, und ließ fich demzufolge den Ruhm der
Entdeckung der neuen Welt im engften Wortfinne zufprechen.[23]

Das neue Eiland gehört zu der ausgedehnten Gruppe der Bahamas-Inseln; die Untersuchungen über die Frage, welche derselben von den Spaniern zuerst gesehen und betreten wurde, sind noch nicht geschlossen; viele Wahrscheinlichkeitsgründe sprechen für die sogenannte Watlings-Insel.[24] Die Eingeborenen nannten sie Guanahani, der Entdecker legte ihr den Namen San Salvador bei. Unter großen Feierlichkeiten wurde von derselben für die Krone Spanien Besitz genommen. Zum ersten Male machten Europäer Bekanntschaft mit Angehörigen der amerikanischen Rasse, deren Vertreter als harmlose Naturkinder den Eroberern, von denen sie später so unsägliches erdulden sollten, mit Freundlichkeit entgegenkamen, leider aber den Goldburst derselben nicht zu stillen in der Lage waren.

Auch die Nachbarinseln, welche man von Guanahani aus anlief, brachten in diesem Hauptpunkte kein besseres Resultat; die Goldausbeute war gering, und auch von sonst nutzbaren Dingen wurde auf den ebenso thierarmen wie pflanzenreichen Inseln wenig vorgefunden. Das zivilisirte Land Zipangu, welches man suchte, wollte sich nicht zeigen, und als man endlich eine sehr große Insel erreicht hatte, welche Kuba genannt und von Columbus ohne weiteres mit Zipangu identifizirt wurde, war man zwar überrascht von der Fülle der Naturschönheiten, welche das trunkene Auge dort entzückten, aber dem praktischen Zwecke der Reise war man nicht wesentlich näher gekommen, denn die Insulaner lebten in demselben Naturzustande wie die Bewohner der Bahamas, und Edelmetall kam lediglich in der Form kleiner Zierrathen vor. Man konnte sich aber nicht entschließen, die Thatsachen als solche anzuerkennen, sondern es wurde so lange an den armen Wilden herumgefragt, bis man sich aus ihren Antworten ein zu den früheren Anschauungen nothdürftig stimmendes Hypothesengebäude zusammengezimmert hatte. Daß man von dem „Quinsay" des Marco Polo nicht

mehr sehr weit entfernt sein könne, das stand für den Admiral,
der nun einmal der Karte Toscanellis dogmatische Gültigkeit
beilegte, unverrückbar fest, und unrichtige Breitenbeobachtungen
trugen das Ihrige dazu bei, Jenen in seinem irrigen Glauben
zu bestärken.²⁵ Er sandte sogar Emissäre aus, um wo möglich
bis zum Großchan durchzubringen, allein dieselben kamen nach
einer Woche zurück ohne eine andere Errungenschaft, als daß
sie die Sitte des Tabakrauchens kennen gelernt und sich angeeignet hatten. Man umsegelte Kuba, ohne sich von dem alten
Irrthum loszumachen, gelangte an die Küste von Haiti (Española),
dessen Bewohner auf einer etwas höheren Kulturstufe zu stehen
schienen, und legte dort, durch den Schiffbruch der „Santa
Maria" zu längerem Verweilen gezwungen, eine verschanzte
Ansiedlung an — die erste in der neuen Welt. Der ältere
Pinzon war inzwischen, ohne vom Admiral dazu autorisirt zu
sein, mit seiner „Pinta" auf selbständige Inseljagd ausgegangen
und hatte dabei meistens dunkle Andeutungen über ein in Westen
wohnendes Volk höherer Kultur — vielleicht einen mexikanisch-
yukatekischen Stamm — erhalten. Allein der Zustand der kleinen
Flotte war ein solcher geworden, daß sich weitere Fahrten von
selbst verboten, und man mußte zufrieden sein, wenn es gelang,
die Heimath unversehrt wieder zu erreichen. Ein Sturm in
der Nacht vom 14. zum 15. Februar 1493 brachte denn auch
die „Niña" ²⁶ in so große Gefahr, daß Columbus, an der Rettung
verzweifelnd, einen Reisebericht wohl verwahrt den Wellen
übergab, damit wenigstens die Kunde von seinen Thaten auf
die Nachwelt gelange. Doch wurde das Aergste abgewendet, und
bald kamen die Azoren in Sicht. Sehr angenehm war dies
dem spanischen Admirale keineswegs, denn es war ihm in seiner
Instruktion ausdrücklich eingeschärft worden, den portugiesischen
Besitzungen fern zu bleiben, und nun blieb ihm bei der Havarie,
die sein Fahrzeug genommen, doch nur übrig, einen portugie-

fischen Hafen anzulaufen. Der erste Empfang von seiten der dortigen Behörden war denn auch kein allzu freundlicher, allein die großen Thaten, welche der spanische Befehlshaber vollbracht hatte, und welche ein seefahrendes Volk am besten würdigen konnte, bewirkten einen Umschlag der Stimmung, und der König des Landes, aus welchem (f. S. 10) Columbus unter etwas eigenthümlichen Verhältnissen entflohen war, gewährte demselben eine huldreiche Audienz und stellte ihm ein ehrenvolles Geleite zur Landreise nach Kastilien zur Verfügung. Er aber wollte dort wieder spanischen Boden betreten, wo er ihn verlassen hatte, und so lief die „Niña" denn aufs neue aus und langte am 15. März 1493, mit stürmischem Jubel empfangen, auf der Rhede von Palos an. Das Wunderbarste jedoch war es, daß noch am gleichen Tage auch die „Pinta" wieder eintraf, deren Führer freilich von Colon bereits als ein zu fürchtender Nebenbuhler angesehen werden mußte. Ein glückliches Ungefähr befreite ihn jedoch bald auch von diesem, denn Martin Alonfo Pinzon, dessen Verdienst um die Entdeckung Amerikas wahrlich nicht gering angeschlagen werden darf, hat die Heimkehr nicht lange überlebt.

Im Triumphzuge ging nun Columbus über Sevilla nach Barcelona, wo sich das Königspaar um diese Zeit eben aufhielt, und wohin man den im Strahlenglanze seines Ruhmes erscheinenden Seehelden mittelst eines gnädigen Handschreibens sofort entboten hatte. Sein Einzug, dem die mitgebrachten Rothhäute und eine geschickt ausgewählte Garnitur von Goldschmuck zu höherer Weihe dienten, war wohl der großartigste Augenblick in diesem vielbewegten Leben. Während Colon in der katalonischen Hauptstadt weilte,[27] wurden gleich Veranstaltungen zu einer zweiten Expedition getroffen, und da man wußte, daß Portugal mit begehrlichem Auge die Erwerbungen im Westen betrachtete, so bewog man den Papst Alexander VI. zum Erlaß der berühmten Bulle vom 3. Mai 1493, durch welche der Erdball zwischen Spanien und Portugal getheilt ward. Hundert Leguas westlich von der westlichsten Insel des Grünen Vorgebirges und der Azoren sollte der Grenzmeridian verlaufen, der die Erde in eine spanische Ost- und in eine portugiesische Westhälfte zerlegte. Wie wenig zuverlässig diese Abgrenzung war, erhellt schon daraus, daß man die Kapverden und Azoren als wesentlich von dem gleichen Meridian begrenzt annahm, während die Längendifferenz doch gar keine unbeträchtliche ist. Erst der ein Jahr später zum Abschluß gebrachte Vertrag von Tordesillas regelte die Besitzverhältnisse zwischen den eifersüchtigen Nachbarstaaten in einer für die nächste Zeit ausreichenden Weise.[28]

Die zweite Westfahrt Colons trug ein ungleich großartigeres Gepräge, als die erste; auf 17 Schiffen wurden 1500 Menschen einbarkirt. Man hielt, nachdem am 25. September 1493 der Hafen von Cadiz verlassen worden war, eine etwas südlichere Route ein und gelangte nach nicht ganz sechswöchiger Fahrt in Sicht einer noch unbekannten Inselgruppe. Es war die der Kleinen Antillen. Dominica, Guadalupe und andere Bestandtheile dieses Archipels wurden angelaufen und mit Namen belegt; hierauf fuhr man an Puerto Rico vorüber und landete auf Haiti. Zu seiner großen Betrübniß fand der Admiral die dort angelegte Kolonie in Trümmern, die Ansiedler als Leichen vor, und auch eine Neugründung hatte kein gedeihliches Dasein. Nachdem ein Abgesandter mit Depeschen[29] an die spanischen Herrscher abgefertigt war, ging Columbus auf neue Entdeckungen aus, untersuchte die Küsten von Haiti, Jamaika und Kuba und glaubte sich zu dem Schlusse berechtigt, daß dieses letztere keine Insel, sondern ein Vorsprung des gesuchten asiatischen Festlandes sei. Von Anstrengungen ermattet, kehrte er nach Haiti zurück, wo er seinen ihm nachgesandten Bruder Bartolomeo[30] antraf, dem er — in der Eigenschaft als „Atelantado" — den Oberbefehl über die Kolonie Isabella anvertraute. Er selbst aber kehrte nach Spanien zurück und stellte sich im Juni 1496 seiner gnädigen Königin vor, die eben in Burgos residirte.

Dieselbe bewies ihm zwar das alte Vertrauen, allein im Volk begann der Ruhm des Entdeckers schon einigermaßen zu erblassen, weil er die allzu großartigen Versprechungen, die er gegeben, eben doch nicht einzulösen vermögend gewesen war. So viel Gold, als man erwartet hatte, trug das neue „Ophir", wie man Haiti mit großer Uebertreibung nannte, in keiner Weise ein, und für die bedeutenden geographischen Entdeckungen hatten nur Wenige Sinn. Gleichwohl vertraute Isabel ihrem Großadmiral aufs neue sechs Schiffe an, mit denen er im Mai 1498 seine dritte Reise antrat. Diesmal ging es von den Kapverden aus direkt nach Südwesten; man kam nach Trinidad und zu Anfang August an das Delta des Orinoko, dessen Wassermassen den Spaniern im höchsten Maße imponirten. Damit war die allerwichtigste Entdeckung gemacht: das amerikanische Festland war dem forschenden Geiste Europas erschlossen. Oder richtiger, es hätte ihm erschlossen sein können, denn Columbus betrat das Land nicht, sondern steuerte nur längs der Küste hin. Bei dieser Gelegenheit sah man auch einige Pfahlbaudörfer der Eingeborenen, die man mit Venedig verglich, und so entstand der noch heute gebräuchliche Name Venezuela für die ganze Landschaft. Viele Zeit hatte der Admiral für diesen Theil der neuen Welt nicht übrig, denn es drängte ihn, sich nach seiner Kolonie auf Haiti umzusehen, und dorthin wurde somit baldmöglichst der Kurs der Schiffe gerichtet.

Mit Sehnsucht mag er die Ankunft dortselbst erwartet haben, aber was er dort vorfand, war noch mehr dazu angethan, sein Herz mit Trauer zu erfüllen, als das vorige Mal. Der Oberrichter Roldan hatte sich gegen Bartolomeo Colon aufgelehnt, und dessen Bruder bewährte, als er nun die eigene Autorität

in die Wagschale werfen sollte, nicht die Thatkraft, welche wir bisher als seine stärkste Charakterseite kennen zu lernen Gelegenheit
hatten. Er ließ sich mit dem Empörer in Unterhandlungen ein
und trat dem Vorschlage bei, daß ein königlicher Kommissar mit
hoher Vollmacht zur Schlichtung der Streitigkeiten entsandt
werden sollte. Dies geschah; kaum aber war der Erwartete,
ein roher Abenteurer Namens Bobadilla, eingetroffen, als er
rücksichtslos auf Roldans Seite trat und durch Versprechungen
aller Art die noch treu gebliebene Mannschaft zum Abfall vom
Gouverneur zu bewegen wußte. Colon selbst, sein Sohn Diego
und sein Bruder Bartolomeo wurden in Fesseln geschlagen und
zur Aburtheilung nach Spanien gesandt, wo sie im November
des Jahres 1500 ankamen. Die tragische Wendung in dem
Leben des großen Mannes war eingetreten.

Freilich billigte man im Mutterlande das Verhalten der
beiden Schurken Roldan und Bobadilla in diesem Umfange
nicht, sondern man bemühte sich, dem so schändlich Mißhandelten
eine wenigstens theilweise Genugthuung zu theil werden zu
lassen; allein der hochfliegende Sinn des bis dahin von außer-
ordentlichem Glück begünstigten Mannes ist doch von da an
geknickt. Er selbst wurde unverzüglich in Freiheit gesetzt und
am Hofe ehrenvoll empfangen; Bobadilla ward in Ungnade
abberufen, Roldan gefangen gesetzt.[31] Die Verwaltung der
Kolonie aber war und blieb ihrem Begründer entzogen, und
wenn man ihm auch aufs neue vier Schiffe überließ, mit denen
er am 9. Mai 1502 zu seiner vierten Entdeckungsreise auszog,
so mag er in diesem Vertrauensakte doch schwerlich eine voll-
gültige Entschädigung für alle bisherigen Erlebnisse erblickt und
anerkannt haben.

Diese letzte Fahrt des Columbus ging über Martinique
und Haiti nach der Küste von Zentralamerika, welche die kleine
Flotte im Juli 1502 erreichte.[32] Nun überzeugte man sich,

daß eine schon weit früher (f. S. 17) gehörte Nachricht von der Existenz höher entwickelter Völker in diesem Theile der Erde auf Wahrheit beruht habe, denn die Maya-Leute, welche auf Barken an das spanische Geschwader herankamen, erwiesen sich als ganz zivilisirte Menschen. Und wäre nicht wiederum der unselige Goldhunger dem Entdecker in die Quere gekommen, so mußte er jetzt den Staat der Azteken, dessen Grenzen er so nahe war, auffinden, allein diese Leidenschaft, verknüpft mit der abenteuerlichen Vorstellung, daß man am goldenen Chersones der Alten [33] angekommen sei, ließ ihn einen südlichen Kurs ein-schlagen, und so entdeckte man zwar das Ostkap von Honduras (Gracias a Dios), sowie Veragua und den Golf von Darien, aber das ersehnte Dorado wollte nicht erscheinen, und nur mit äußerster Anstrengung erreichten die von Wind und Wellen arg heimgesuchten Fahrzeuge die Küste von Jamaika, aber nur, um an dieser zu versinken. Ein von Haiti gesandtes Rettungsschiff nahm nach vielen Fährlichkeiten die Schiffbrüchigen auf, und als Columbus im November 1502 — zum letzten Male — in Spanien landete, kam er allein, auf einem fremden Schiffe.

Es wird nicht zu leugnen sein, daß die vierte Reise, sobald wir den rein geographischen Maßstab anlegen, unter allen die bedeutsamste war, denn durch sie wurde das Karaibische Meer in seiner Begrenzung ziemlich vollständig erforscht. Allein für solche geistige Errungenschaften hatten die Machthaber wenig Sinn, und da zudem bald nach Colons Rückkehr seine treue Beschützerin Isabel starb, so war sein ferneres Schicksal ent-schieden. Reichthümer, wie sie erhofft waren, hatten die kost-spieligen Expeditionen nicht gebracht, und so wurde der unbequeme Dränger unter König Fernando kaltgestellt. Man versagte ihm die gebührenden äußeren Ehren nicht, und noch weniger hat die Sage Recht, wenn sie ihn in Armuth sterben läßt, denn er hatte sich ein ganz stattliches Vermögen erworben, aber der

Gram, zu unthätigem Leben verdammt zu sein und seine geliebte transozeanische Kolonie nicht selber verwalten zu können, nagte an seinem Herzen. Am 21. Mai 1506 ist Christoph Columbus zu Valladolid in Einsamkeit aus diesem Leben geschieden. Seine Leiche wurde zuerst in dieser Stadt, hierauf in Sevilla beigesetzt und fand 1796 ihre letzte Ruhestätte in der Kathedrale von Habaña, wohin sie mit großem Gepränge überführt worden war.

Ein hochbedeutender Mensch war mit ihm dahingegangen, das muß auch der unumwunden zugestehen, der im übrigen gegen die Schwächen, die Colons Charakter und Geist aufweisen, nicht blind sein will. Schon sein Aeußeres muß geeignet gewesen sein, seinen Zeitgenossen Respekt einzuflößen; frühzeitig ergraut, sah er viel älter aus, als er wirklich war. Sein Benehmen scheint Würde und eine gewisse Anmuth vereinigt zu haben, und jedenfalls hat sich der Italiener die kastilische Grandezza gut angeeignet und überhaupt sich ganz in einen Spanier verwandelt. Nach der innerlichen Seite betrachtet, ist bei Columbus zuerst seine stark ausgeprägte Religiosität zu betonen. Wir haben keinen Grund, zu glauben, daß dieselbe irgendwie nicht aufrichtig, daß seine Ueberzeugung, er sei das von Gott zum Entdecken neuer Welten und zur Ausbreitung des Christenthums ersehene Werkzeug, gemacht gewesen sei. Wer Menschen und Handlungen jener Sturm- und Drangperiode verstehen, wer das Werden, die Nothwendigkeit des Reformationszeitalters begreifen will, der muß darauf verzichten, den Maßstab anzulegen, mit welchem man heutzutage an religiöse Vorstellungen heranzutreten gewohnt ist. Nur wenn man Columbus als das Kind seiner Zeit, als einen nach unseren Begriffen bigotten Menschen mit starkem Hange zum Mystizismus, ja zum Aberglauben gelten läßt, wird man ihm gerecht werden können. Von Unterwürfigkeit gegen die Diener der Kirche kann doch nur insofern die Rede sein, als solche bis zu einem gewissen Grade von jedem

Katholiken gefordert werden kann, aber daß dieselbe nicht zu weit ging, erhellt doch schon aus dem einen Umstande, daß alle Einwendungen der Theilnehmer am Gespräche von Salamanca (s. S. 11), die doch großentheils den Vätern der Kirche zuzuzählen waren, gar keinen Eindruck auf den Mann machten, der von dem Bewußtsein seiner hohen göttlichen Mission erfüllt und diese allen Schwierigkeiten zum Trotze durchzuführen entschlossen war.

Die Frömmigkeit hinderte freilich nicht, daß manches, was Columbus that, vor dem Richterstuhle der christlichen und der allgemein-menschlichen Moral nicht zu bestehen vermag. Ungemessener Ehrgeiz und Streben nach den höchsten, einem Unterthan überhaupt erreichbaren Dingen mögen leichter entschuldigt werden, weil es ja nur natürlich erschien, daß der, der dem Reiche Gottes auf dieser Erde einen so großen und erfolgreichen Dienst zu leisten beabsichtigte, dafür auch mit weltlichen Ehren geschmückt werde. Schlimmer ist die nicht wegzuleugnende Geldgier, die zu manch unschönem Zuge (s. S. 44) verleitet hat, und auch von Grausamkeit ist Colon in seinem späteren Leben nicht freizusprechen; wir erinnern nur an seine Idee, einen großartigen Kuli-Transport nach Europa zu insceniren. Doch dürfen wir zugestehen, daß solche Härte gegen Mitmenschen wenigstens immer einen Zweck hatte und mehr einer klug sein wollenden Politik, als menschenhasserischen Neigungen entsprach, denn als der Gouverneur von den nutzlos grausamen Handlungen vernommen hatte, welche von seinen Stellvertretern in der Kolonie gegen die Eingeborenen begangen worden waren, zeigte er sich auf das äußerste erbittert und suchte auch gegen die Schuldigen einzuschreiten.

Von dem Menschen Columbus, dessen Ausdauer und Heldenhaftigkeit in schweren Nöthen uns unter allen Umständen die höchste Achtung abzwingen müssen, wenden wir uns dem Seemanne und dem Förderer geographischen Wissens zu. Beide Eigenschaften sind kaum voneinander zu trennen, denn von dem nautischen Wissen und Können des Mannes mußte es abhängen, inwieweit von seinen weiten Fahrten die wissenschaftliche, nicht bloß auf die Verzeichnung neuer Landentdeckungen angewiesene Erdkunde Nutzen ziehen konnte. Man pflegt über die Beobachtungen, durch welche der Admiral die von ihm entdeckten Oertlichkeiten zu sichern beabsichtigte, meist recht ungünstig zu urtheilen, und in der That lassen seine Polhöhen viel zu wünschen übrig, aber daß so schlimme Fehler, wie man sie bei ihm vermuthete, ihm doch nicht untergelaufen sein können, darauf ist schon früher (s. S. 17) von uns hingewiesen worden. Man muß nur auch bedenken, daß der Quadrant, auf den sich Colon angewiesen sah, ein überaus unvollkommenes Instrument war, mit dem sich auf dem Schiffe selbst gar nichts anfangen ließ, und daß Martin Behaim, der aller Wahrscheinlichkeit nach den für nautische Zwecke unvergleichlich brauchbareren Grabstock mit hatte,[34] auch starke Fehler in der Messung der Sonnenhöhen begangen haben muß, aus denen er seine Breiten berechnete. Wir glauben deshalb nicht, daß eine These von Ruge[35] — „nach dieser Richtung hält Columbus den Vergleich mit den großen, in ihrem Fache ausgezeichneten Entdeckern zur See nicht aus" — ganz berechtigt ist. Völlig im Gegensatze zu dem deutschen Spezialhistoriker spricht sich der italienische sehr günstig, vielleicht wiederum allzu günstig, über die astronomischen Beobachtungen des Entdeckers aus.[36] „Die von Columbus gemachten Breitenbestimmungen, für die er sich theils der Mittagshöhen der Sonne, theils der Messung von Tages- und Nachtdauer bediente, erreichten einen Grad der Genauigkeit, der von den anderen Seefahrern seiner Zeit nicht übertroffen wurde." Auch sonst fällt Hugues über die seemännische Geschicklichkeit seines Landsmannes ein recht günstiges Urtheil. Indem sich derselbe

1494 durch die „Scoglien" hindurchwand, welche die Südküste
Kubas umsäumen, habe er sich im Manövriren kaum weniger
geschickt bewiesen als Cook, da derselbe das klippenreiche Meer
im Osten Australiens durchfurchte.

Als Geograph hat Colon allerdings an einem fundamentalen
Irrthume, unter dessen Herrschaft er überhaupt von Anbeginn
stand, dauernd festgehalten, und es ist so gut wie sicher, daß
er diese, wie wir jetzt wissen, grundfalsche Anschauung mit ins
Grab genommen hat. Ihm stand es fest, daß er den Ostrand
Asiens thatsächlich erreicht gehabt habe, und daß er von seinem
Idealziele, von Zipangu, auf seiner vierten Reise nicht mehr
allzuweit entfernt gewesen sei. Haben wir jedoch ein Recht, ihn
dieses Irrthums wegen zu tadeln? Schwerlich. Nur zwei leitende
Gedanken konnten ihm den Muth zu seinem kühnen Uuternehmen
verleihen: die Ueberzeugung, daß Toscanellis Karte nur unum-
stößliche Wahrheit enthalte, und daß der Erdumfang verhältniß-
mäßig klein sei — viel kleiner, als er wirklich ist. Mit dieser
letzteren Annahme stimmte nicht nur das ganze 15., sondern
auch noch das 16. und 17. Jahrhundert überein, erst Picards
Erdmessung brachte ein richtigeres Ergebniß, wie ja auch Newton
auf Grund dieses letzteren sein Gravitationsgesetz bestätigt fand,
während er vorher, so lange er nur mit der Columbus bekannt
gewesenen Zahl zu rechnen in der Lage war, stets eine Diskrepanz
zwischen der Hypothese und deren rechnerischer Kontrolle bemerkt
hatte.[37] Vor Vasco Nuñez de Balboa, der als erster Europäer
jene ungeheure Wasserfläche mit Augen sah, die am Westrande
Amerikas sich ausdehnt,[38] war Colons geographische Auffassung
entschuldbar, wo nicht die einzig mögliche.[39]

Die thatsächlichen Entdeckungen, mit welchen Columbus
die Erdkunde bereicherte, sind ebenso zahlreich als wichtig, und
wir müssen Hugues[40] darin beipflichten, daß Diejenigen, welche
eine noch gründlichere Verfolgung einzelner der gemachten Ent-

deckungen urgiren, doch wohl zu viel von einem Manne verlangen, für den das Auffinden einer unbekannten Erbstelle nur einen sekundären Zweck hatte, der aber vor Begierde brannte, sein den Majestäten verpfändetes Wort einlösen und Schätze nach Spanien senden zu können. Immerhin ist, was er allein dem Besitzstande der Geographie neu hinzufügte, wahrlich nicht geringfügig: eine Anzahl Bahamas, die vier Großen Antillen[41] und die wichtigsten unter den Kleinen Antillen, der Nordrand Südamerikas von der Orinoko-Mündung bis nahe an die Bucht von Maracaibo und ein sehr bedeutender Theil der Ostküste von Mittelamerika genauer von Yukatan, Honduras und Nicaragua). Man vergleiche nur auf der von Hautreux[42] mitgetheilten „Mappa mundi" des Juan de la Cosa, die noch vor Colons Auszug zu seiner letzten Expedition, nämlich im Jahre 1500, gezeichnet wurde, die Darstellung des Karaibischen Meeres, und man wird mit Staunen wahrnehmen, wie groß die Annäherung an die Wirklichkeit ist. Nur bei Kuba mußte, aus naheliegender Ursache, diese Annäherung vermißt werden.

Wir rühmten oben (s. S. 7) an Columbus, daß er die aus der Lehre von der Kugelgestalt der Erde entspringenden Folgerungen tapfer und geschickt gegen die absurden Einwürfe der Väter von Salamanca vertreten habe. Später ließ er sich selber einen ungerechtfertigten Zweifel an dieser Grundwahrheit zu schulden kommen, allein der Verfasser kann diese Verirrung heute nicht mehr so ernst nehmen, wie er dies selbst vor Jahren gethan hat.[43] Als nämlich (s. S. 20) sein Admiralschiff vor der Orinoko-Mündung in einen ungeheuren Schwall süßen Wassers gerieth, dessen Wogen mit elementarer Gewalt das Meer verdrängten, und als sich doch kein nahes Gebirge zeigen wollte, von dem abstürzend jenes Wasser ein so bedeutendes Gefälle hätte erhalten können,[44] da tauchte in der erregbaren Seele Colons eine alte Erinnerung aus der Lektüre (s. S. 6) auf, welcher er sich in den Jahren der Vorbereitung und des Wartens eifrigst hingegeben hatte. Er dachte an die Paradies-sage, der zufolge der Garten Eden auf einer Erdanschwellung gelegen und nach jeder der Hauptweltgegenden einen der be-kannten vier Ströme entsenden sollte, und stellte die freilich sonderbar klingende Vermuthung auf, an jener Stelle sei die Erde nicht völlig rund, sondern mit einer Erhöhung — der Warze eines weiblichen Busens vergleichbar — versehen. Wer da weiß, daß das ganze Mittelalter hindurch — einige helle Köpfe, wie Dante Alighieri ausgenommen — eine Nichtüber-einstimmung der Zentra der Erd- und Wasserkugel als etwas Selbstverständliches angesehen und eben mit der Legende vom Paradies in engste Beziehung gesetzt wurde,[45] der wird mit einer solchen Abirrung vom Pfade der Wahrheit, wie sie Colon unter dem Eindrucke eines übermächtigen Naturereignisses be-gegnete, nicht allzusehr dessen Schuldkonto zu belasten geneigt sein, denn daß derselbe in seiner ganzen kosmographischen An-schauungsweise nicht über, sondern mitten in seiner Zeit stand, darüber herrscht ja an sich keine Meinungsverschiedenheit.

Völlig unbestritten sind Colons Verdienste um unser Wissen vom Erdmagnetismus. Seit über zweihundert Jahren war der Kompaß, den der Amalfitaner Flavio Gioja zwar gewiß nicht erfunden, aber doch eigentlich recht gebrauchsfähig gemacht hatte,[46] im Gebrauche, allein durchweg war man der Meinung, daß die Spitze der in horizontaler Achse frei schwebenden Magnetnadel genau nach Norden zeige.[47] Columbus fand die magnetische Mißweisung auf, erkannte deren Veränderlichkeit mit dem Orte und stellte eine Linie ohne Mißweisung — wir würden heute sagen, eine Isogone Null — fest. Dies sind gewiß Zeugnisse scharfer und korrekter Beobachtung, welche ihrem Urheber auch in der Geschichte der exakten Wissenschaften einen geachteten Platz sichern. Es war am 3. September 1492, als Columbus

weſtlich vom Meridiane der Azoren-Inſel Flores zum erſten Male
ein völliges Zuſammenfallen des aſtronomiſchen und des magne-
tiſchen Meridianes konſtatirte, und ein gleiches ſand noch zweimal
auf ſeinen Reiſen ſtatt, nämlich am 21. Mai 1496 und am
16. Auguſt 1498, ſo daß alſo für das Ziehen jener Kurve der
Nullabweichung drei Punkte gegeben waren.[48] Zu leugnen
iſt ja nicht, daß der phantaſtiſche Mann in dem Beſtreben, ſich
von den nicht erwarteten Wahrnehmungen Rechenſchaft zu geben,
letztere gleich wieder mit einer Hypotheſe verquickte, welche für
den niedrigen Stand damaliger Erkenntniß bezeichnend iſt. Der
Punkt, nach welchem die Nadel hinzeigte, mußte doch durch
irgend etwas ausgezeichnet, es mußte der Polarſtern ſein, und
da dieſer mit dem geometriſchen Nordpole nicht zuſammenfällt,
vielmehr um ihn infolge der Erdumdrehung einen Kreis von etwa
1 1/2° ſphäriſchem Radius beſchreibt, ſo blieb auch der Nadel
nichts übrig, als dieſe Bewegung mitzumachen, und aus dieſer
Bewegung ſollte ſich die Schwankung in der Größe der magne-
tiſchen Deklination erklären. Wir lächeln über ſolche Verirrungen,
allein vielleicht thun wir da im Gefühle, daß wir es ſo weit
gebracht, unſeren Altvordern Unrecht. Hat doch auch noch mancher
ſpätere Schriftſteller auf dem Gebiete des Erdmagnetismus
ſich vor ſonderbaren Täuſchungen nicht zu ſchützen vermocht![49]

Wer eine neue Welt oder doch einen vollſtändig unbekannten
Theil der Erde aufſucht, wie dies Columbus unternahm, deſſen
Gemüth wird an und für ſich ſchon prädisponirt ſein, alles
Neue und Ungewohnte ſtärker auf ſich wirken zu laſſen. So
kann es uns denn auch nicht wunder nehmen, daß Colon, je
weiter er in das geheimnißvolle Weltmeer eindrang, um ſo
reichere Nahrung für ſeine ſtark entwickelte Einbildungskraft
vorfand und auch der Grenzlinie, längs deren die magnetiſche
Deklination ihren Sinn änderte, Eigenſchaften beilegte, die ſie
in Wahrheit nicht beſitzt. Jenſeits derſelben ſchien ihm der

ganze Naturcharakter ein anderer geworden zu sein;[50] allein, so sehr er in dieser Annahme irrte, eben so sehr erweist er sich gerade bei dieser Gelegenheit als der scharfe Naturbeobachter, als welchen ihn namentlich Humboldt gefeiert hat.

Denn etwas Wahres war ja sonder Zweifel in dem, was er wahrgenommen hatte, enthalten, und nur der jähe Ueber-gang bestand bloß in seiner Phantasie. Der Gegensatz zwischen dem scharf markirten Binnenklima der Pyrenäischen Halbinsel und dem reinen Seeklima, wie es für die ungeheure Fläche des Ozeans bezeichnend ist, trat in die Erscheinung, und Columbus ist sicher einer der Ersten gewesen, welche dieser Verschiedenheit, wenn auch noch nicht mit völlig klarem Bewußtsein, inne geworden sind.[51] Gerade um die Zeit aber, als er diese meteorologischen Thatsachen erkannte, wurde man auch auf ein anderes merk-würdiges Phänomen aufmerksam, und wenn man all dies zu-sammenhält, so wird man den Gedanken des Entdeckers, auf der Westseite der Linie ohne Abweichung sei alles anders be-schaffen, als auf der Ostseite, nicht mehr so ungereimt finden können. Wir meinen die Kraut- oder Tangwiesen, welche die spanischen Schiffe (s. den obigen Brief) zu durchschiffen genöthigt waren, und welche auf die Mannschaft zunächst einen sehr be-ängstigenden Eindruck gemacht zu haben scheinen. Von Columbus, der eine sehr treffende Beschreibung dieser treibenden Pflanzen lieferte, datirt also auch die Kenntniß des Sargasso-Meeres, dessen weiteres Studium Viele beschäftigt hat und auch heute noch nicht als abgeschlossen gelten kann.[52]

Das Vorhandensein von eigentlichen Meeresströmungen war dem Alterthum gänzlich verborgen, und auch das eigentliche Mittelalter kann von dieser fortschreitenden Bewegung des Meer-wassers eine Kenntniß nicht gehabt haben. Erst als die Por-tugiesen in den Golf von Guinea eindrangen, wurden sie mit einer solchen Bewegung bekannt, und ihnen hat man die erste schriftliche Nachricht darüber zu danken. Der zweite Bericht aber rührt von Columbus her. Als er auf seiner dritten Reise von den Kanarien aus in westsüdwestlicher Richtung nach der zentralamerikanischen Inselwelt steuerte und dabei in jene Strömung gerieth, welche als die dem Golfstrome entsprechende von Afrika gegen die südamerikanische Küste gerichtete Ausgleichsströmung zu betrachten ist, that er den für die Folgezeit wichtig gewordenen Ausspruch:[53] „Ich halte es für ausgemacht, daß die Meereswasser sich von Osten nach Westen bewegen, wie der Himmel." Auch über die Wirkung, welche eine solch starke[54] Strömung, verbunden mit der gewöhnlichen Brandungswoge, auf das Festland ausüben müsse, dachte der weitsichtige Mann völlig rationell; in der Antillenkette erblickte er die Trümmer eines weit ausgedehnten, von den Fluthen großentheils verschlungenen Kontinentes, und im besonderen bezeichnete er die große Insel Trinidad als das, wofür wir sie auch zu halten haben, nämlich als ein von Südamerika abgesplittertes Festlandsbruchstück.[55]

Auch die biologische Geographie darf in Columbus einen ihrer Bahnbrecher verehren; nicht nur in ästhetischer Hinsicht zeichnen sich seine Schilderungen nach dem Zeugnisse des großen Kenners der Pflanzenphysiognomik vortheilhaft aus, sondern sie lassen auch richtiges Formenverständniß und scharfe naturhistorische Beobachtung erkennen.[56] Auf der Insel Kuba unterscheidet er sieben bis acht neue Palmenarten; sein diagnostischer Blick ist so einbringend, daß er, botanisch gesprochen, das Geschlecht Podocarpus deutlich von der Familie der Abietineen abtrennt. Und seine Vergleichungen der tropischen Gewächse mit denen, welche in der heimathlichen subtropischen Zone gedeihen, läßt an Bestimmtheit nichts zu wünschen übrig. Mit Thieren Bekanntschaft zu machen, hat Colon geringere Gelegenheit gehabt, doch ist das, was er über sie mittheilt, zutreffend und anschaulich. Endlich mußte von ihm ganz von selbst ein neues Stadium der Völkerkunde seinen Anfang nehmen. Aus seinen Beschreibungen der Wilden, mit denen er freundlich und feindlich verkehrte, ist in sämtliche Werke aller Zeiten für die Bewohner Gesamt- amerikas die Bezeichnung der Indianer übergegangen, welche ja allerdings auf der bekannten falschen geographischen Vorstellung (s. S. 26) beruhte, trotzdem aber — gleich wie der an sich ganz ebenso unrichtige Ausdruck Westindien — sich bald das wissenschaftliche Bürgerrecht eroberte.[57]

Nachdem wir somit die Lebensthätigkeit unseres Helden in den Hauptzügen geschildert, läge uns noch die Pflicht ob, ge- wissermaßen ein Fazit aus dieser Schilderung zu ziehen und in kurzen Worten ein Gesamtbild von dem Wesen des Mannes zu entwerfen. Dies nun ist eine überaus schwierige Aufgabe, deren eigentliche Lösung wir um so weniger in Angriff nehmen können, als die Gefahr, nach der einen oder anderen Seite zu weit zu gehen, eine sehr große ist. Den enthusiastischen Darstellungen, wie sie in populären Schriften, zum Theile aber auch in wissenschaftlichen Werken romanischer Abstammung zu finden sind, wie sie auch Humboldt nicht ungerechtfertigt fand, stehen stark abweisende Urtheile von deutschen Fach- männern — Peschel, Ruge und theilweise auch Gelcich — gegenüber. Wenn wir im Nachstehenden den Versuch machen, eine mittlere Linie einzuhalten, so sind wir uns der Schmalheit des Pfades, auf welchem wir wandeln, wohl bewußt.

Daß gegen den Charakter des Mannes, der doch auch wieder manch' schönere Seite erkennen läßt, Anklagen erhoben werden können, haben wir selbst (s. S. 24) nicht verschwiegen, und es erklärt sich eine gewisse Gleichgültigkeit gegen die Rechte Anderer, eine starke Hinneigung zu dem Grundsatze, daß der Zweck das Mittel heilige, einfach aus den vielen vorhergegangenen Enttäuschungen und aus dem überhaupt sehr bewegten Vorleben, welches der Entfaltung zarterer Gefühle gewiß keinen Vorschub geleistet hat.[58] Daß ferner die Behauptung, Columbus habe nichts oder doch nur wenig geleistet, über ihr Ziel hinausschießt, glauben wir durch Aufdeckung der mancherlei neuen Thatsachen, durch welche er topische und physikalische Geographie bereicherte, dargethan zu haben. Aber die Weltanschauung Colons, so hören wir erwidern, war doch eine zurückgebliebene, einseitige; sie ist der Grund, welche uns berechtigt, ihn auch als Entdecker geringer zu beurtheilen und der Meinung Raum zu geben, nur ein glücklicher Zufall habe ihm in den Schoß geworfen, was er durch strenge Geistesarbeit niemals habe erringen können.

Es war wesentlich Ruge, der in mehreren aufeinander folgenden Schriften dieser Auffassung das Wort redete,[59] und bei der mit Recht hohen Achtung, welche man bei uns den durch deutschen Gelehrtenfleiß und vortreffliche Darstellung ausgezeichneten Arbeiten des Dresdener Geographen entgegenbrachte, fiel auch die erwähnte negative Beurtheilung des Entdeckers stark ins Gewicht. Allerdings sind auch gegentheilige Stimmen laut geworden, theils schon in früherer,[60] theils erst in neuerer[61] Zeit, und der Schreiber dieser Zeilen hat gleichfalls schon, noch bevor diese letzteren Preßstimmen in die Oeffentlichkeit gedrungen waren, seiner abweichenden Ansicht öffentlichen Ausdruck gegeben.[62] So sei denn eine kurze Motivirung dieser letzteren gestattet.

Konnte, so fragen wir, ein nüchtern denkender Mensch jener Tage überhaupt den Gedanken fassen, den Ostrand Asiens direkt von Europa aus erreichen zu wollen? Je klarer er sich die Dinge überlegte, je weniger er geneigt war, auf Autoritäten zu schwören, je zweifelhafter ihm schon die dogmatisch hingestellte Doktrin erscheinen mußte, daß die Längenausdehnung des Meeres zwischen beiden Erdtheilen eine so geringe sein sollte, um so ungeeigneter war ein solcher Normalmensch zum Weltentdecker. Zu diesem bedurfte es einer Individualität, die über so viel wissenschaftliche Neigung und Bildung verfügte, um die griechisch patristisch-scholastischen Lehren, welche aus den bekannten Büchern zu erwerben waren, in sich aufzunehmen, der aber andererseits Kritik und klare Durchdringung dieses Stoffes abgingen. Nur der felsenfeste, durch moderne Zweifel nicht getrübte Glaube, in den Quellen die reine Wahrheit zu finden, konnte über die Schwierigkeiten hinweghelfen, welche schon der Konzeption eines solchen Gedankens, von den Verwirklichungsversuchen zunächst noch völlig abgesehen, sich entgegenstellten. Und eine starke Dosis mystischer Religiosität war nicht etwa ein Hinderniß für die Ausführung des einmal gefaßten Planes, sondern sie bildete dafür eine fast unerläßliche Vorbedingung. So, wie er war, mußte der Mann beschaffen sein, dessen sich die Vorsehung zur Vollbringung der kühnsten That, die je einem Menschen zu vollbringen beschieden war, bedienen wollte; ohne die überaus merkwürdige Vereinigung der heterogensten Eigenschaften in derselben Person wurde Amerika nicht entdeckt. In richtiger Abwägung der Stellung, welche Columbus zur Wissenschaft seiner Zeit einnahm, glauben wir die folgende These aufstellen und vertheidigen zu können:

Der Entdecker war mit gelehrtem Wissen weit genug erfüllt, um die für die Ausführung seiner Absichten sprechenden litterarischen Momente sammeln und durch deren richtige Betonung seinen Gegnern imponiren zu können; auch war seine mit scharfer Auffassungsgabe gepaarte Bildung ausreichend, um sich für die Erdkunde in mehr denn einer Beziehung sehr verdient zu machen. Ein eigentlicher Gelehrter war er nicht, beanspruchte auch nicht es zu sein, und wäre er ein solcher gewesen, so hätten auch bei höchst gespannter Energie berechtigte Zweifel seinen Wagemuth derart lähmen müssen, daß er alles, nur nicht der Entdecker eines neuen Erdtheiles hätte werden können.

Columbus war ein Mann der That,[63] eine unbeugsame
Agitationsnatur, die in mehr denn einer Hinsicht an die großen
Charaktere erinnert, von welchen eine Umgestaltung des religiösen Lebens eines Volkes ausgegangen ist. Unser verdienter
Geschichtsschreiber der Pädagogik, Fr. Paulsen, stellt in einer
der Glanzpartien seines Werkes[64] Erasmus und Luther ein-
ander gegenüber als zwei Männer, bei denen Intellekt und
Wille aufs höchste und einseitig entwickelt waren, so daß
der Eine vor an sich erlaubten und keineswegs grundlosen Bedenken sich niemals zu thatkräftigem Handeln aufzuraffen im
stande war, während der Andere theoretischen Erwägungen nur
einen sehr geringen Einfluß auf sein Thun einräumte. Niemand
wird dem Uebersetzer der Bibel, dem Klassiker der deutschen
Sprache, Mangel an Intelligenz beilegen, aber die rein geistigen
Potenzen stehen bei ihm unter der Oberherrschaft des Willens,
und der mildernden Einwirkung des getreuen Melanchthon hatte
der Reformator gar vieles zu danken.[65] Mit Luther ist
Columbus nun in der That zu vergleichen,[66] sowohl soweit es
auf das unbeirrte Wollen und kühne Vollbringen des als richtig
Erkannten, als auch soweit es auf das mystisch-supranatura-
listische Element, auf das Durchdrungensein von der göttlichen
Mission, ankommt. Dem Gottesstreiter stellt sich auf der Wart-
burg der Teufel zum persönlichen Kampfe, und auch an direkte
Inspiration von oben hat Luther geglaubt — dem im Kloster
Belem peinvoll auf die Entschließungen der portugiesischen
Regierung wartenden Columbus ruft eine höhere Stimme zu, und
indem er ihr folgte, erlangte er die Krone des Weltentdeckers.

Es liegt nahe, diesem Letzteren auch den Mann gegenüber
zu stellen, der in nicht viel späterer Zeit[67] die große Umgestaltung unserer kosmologischen Anschauungen zu stande gebracht hat. Wir begegnen da einem ähnlichen Gegensatze der
Naturen. Dem Domherrn von Frauenburg fehlt jedes Streben,

irgend etwas Aeußerliches zu erreichen; es hat wohl kaum je einen Menschen gegeben, dem der Vorwurf der Streberei mit geringerem Rechte gemacht werden könnte, als ihm. Columbus war zweifellos ein Streber, zunächst gewiß im guten und unverfälschten Sinne des Wortes, aber doch auch nicht frei von jenen minder edlen Charaktereigenthümlichkeiten, mit denen das Wort in unserer heutigen Umgangssprache in Verbindung gebracht zu werden pflegt. Er wollte die ihm vorschwebende Entdeckung gemacht wissen, aber er wollte auch, daß es durch ihn geschehe, und dieser alle Hindernisse besiegende Wille kennzeichnet den ganzen Mann. Umgekehrt legt Coppernicus gar kein Gewicht auf seine eigene Mitwirkung bei der großen Reform der Astronomie; er würde am liebsten, treu der horazischen Devise „Odi profanum vulgus et arceo", seine neuen Ideen in sich verschlossen oder höchstens einem kleinen Kreise von Esoterikern, nicht aber der Allgemeinheit mitgetheilt haben. Ohne das stete Drängen der Schoenberg, Rheticus u. A. wäre auch allem Vermuthen nach das im Manuskripte bereits so gut wie abgeschlossene Werk dem Publikum vorenthalten geblieben.[68] Für seine rein intellektuelle Thätigkeit fand eben Coppernicus die vollste Befriedigung in seiner stillen Studirstube; er befürchtete eine Entweihung seiner Geistesarbeit, wenn sie auf den Markt hinausgetragen werde, und verzichtete gerne auf einen Ruhm, an dessen Erwerbung sich endlose Polemik anzuknüpfen schien.

Auch sonst beobachten wir an den beiden Männern, durch deren Auftreten geographischer und kosmologischer Gesichtskreis eine so radikale Umänderung erfuhren, eine große Verschiedenheit, die um so auffälliger erscheint, wenn wir deren Stand und Beruf uns vergegenwärtigen. Columbus, der rauhe, thatkräftige Seemann, sehr weltlich in manchen Neigungen, erscheint doch im Banne einer ans Mystische und Superstitiöse angrenzenden Betrachtung der höheren Dinge; Coppernicus, von Kindheit an dem geistlichen Stande gewidmet und in dessen Atmosphäre erzogen, ist, obwohl gläubiger Katholik und strenge in der Uebung seiner Amtspflichten,[69] doch, sobald es sich um Angelegenheiten der sichtbaren Welt handelt, ein völlig rationalistischer Denker. Man mustere sein großes Werk durch und prüfe nach, ob irgendwo eine jener Anwandlungen sich findet, welche für alles, was wir aus Colons Feder überkommen haben, so bezeichnend sind. Im Vorworte stoßen wir auf eine schöne Betrachtung über das Leitmotiv des Autors, daß nur ein einfaches und harmonisch sich aufbauendes Weltsystem den Vorstellungen, die sich der Christ von den Absichten des Weltenbaumeisters zu machen habe, entsprechen könne; sobald aber die sachliche Darstellung beginnt, treten Rechnung und geometrische Konstruktion in ihr Recht, und das Gemüth, dessen Regungen bei Columbus immer wieder die Kopfarbeit beeinflussen, tritt hier vollständig in den Hintergrund. In einer gewissen ursächlichen Verbindung steht hiermit das so gründlich verschiedene Verhalten beider Männer gegen Autoritäten. Welche Rolle dieselben bei Colon spielten, wie sie sein ganzes Denken und Thun, zumal in der Vorbereitungszeit, regelten, das ist durch unsere Erzählung zur Genüge klar geworden — bei Coppernicus giebt es keinen solchen Appell an andere Instanzen. Mehr, um einer geschichtlichen Verpflichtung zu genügen, als weil diese Thatsache für ihn selbst von Erheblichkeit gewesen wäre, erwähnt er kurz einiger antiker Schriftsteller, die damals schon die Bewegung der Erde als möglich hingestellt hätten, und damit ist dieser Gegenstand erledigt. Selbst von den Anregungen, die der Jüngling Coppernicus in Italien durch Celio Calcagnini und Domenico Novara unzweifelhaft erfahren, wird uns so gut wie nichts mitgetheilt: das Werk erscheint als ein geistiger Monolith, ohne jede fremde Zuthat aus dem Innenleben seines Verfassers herausgearbeitet.

Wir glauben den Nachweis dafür erbracht zu haben, daß kaum je zwischen zwei hervorragenden Menschen eine größere Gegensätzlichkeit der gesamten Individualität bestand, als zwischen den beiden Männern, mit denen sich Leistungen untrennbar verbunden zeigen, die man sehr häufig in Einem Athem nennt, zwischen denen man ein geistiges Band unschwer schlingen zu können vermeint. Es möchte also scheinen, daß die Entdeckerthätigkeit auf der Erde und am Himmel eine vollkommen verschiedene Veranlagung in moralischer und intellektueller Beziehung zur Vorbedingung hätte. Indessen läßt sich auch eine solche Behauptung durchaus nicht ohne Einschränkung aufstellen, das lehrt uns das Beispiel Keplers, eines Mannes, in dessen Natur wir bei näherer Zergliederung Züge bemerken, die uns unwillkürlich an den Entdecker der neuen Welt gemahnen.[79]

Als systematischer Denker mit Coppernicus auf gleiche Linie zu stellen, an exakt-mathematischer Schulung und Auffassung demselben sogar überlegen, brachte Kepler aus der schwäbischen Heimath noch eine kostbare Mitgift für seine Lebensaufgabe mit, nämlich eine reiche, glühende, oft sogar ins Abenteuerliche abschweifende Phantasie, eine seelische Potenz also, welche dem nüchternen Westpreußen von der Natur gänzlich versagt worden war. Hierin und in dem festen Vertrauen darauf, daß er nicht bloß berufen, sondern auch auserwählt sei für die große Aufgabe, das coppernicanische Weltsystem auszugestalten und mit den Naturbegebenheiten in vollen Einklang zu bringen, ähnelt er dem Romanen, der ja auch ohne das glückliche Erbtheil einer niemals ermüdenden Imagination mit den „im Raume sich hart stoßenden Sachen" gewiß nicht fertig geworden wäre. Man stellt es vielfach so hin, als ob Keplers Geist neben den reifen Früchten, an denen sich die Menschheit für alle Zeiten erfreuen darf, so nebenbei, gewissermaßen um von der strengen Produktion etwas auszuruhen, auch jene wie

Ranken und Schlingpflanzen sich um die edleren Triebe legenden Hypothesen hervorgebracht hätte, denen gegenüber der Leser von heute oft verwundert, ja fast verlegen dasteht. Wer aber diese anscheinend wohlwollende Unterscheidung treffen will, der hat, darin müssen wir Förster unbedingt beipflichten, von dem wundersamen Geiste dieses gottbegnadeten Mannes nicht den richtigen Hauch verspürt. Beides ist untrennbar, beides geht innig Hand in Hand, und die Aehnlichkeit zwischen den Entdeckern neuer Erdtheile und neuer Himmelsgesetze erweist sich von neuem als eine schlagende. Ohne eigenartige, für die große Mehrzahl der gleichzeitig und nachher lebenden Menschen unverständliche Spekulation ließ sich der Gedanke, den Erdball zu umsegeln, nicht ausdenken; ohne ein Versenken in theilweise sonderbare, ja bizarre Spekulationen über die Anordnung des Universums nach Maß und Zahl blieb das dritte Keplersche Gesetz unentdeckt. Ein bloß denkender, nicht auch instinktiv fühlender Astronom konnte es nicht entdecken, weil er gar keine Ahnung davon hatte, daß überhaupt eine Gesetzmäßigkeit in Mitte liege, und ebenso wenig hätte, dies suchten wir weiter oben festzustellen (s. S. 34), ein kühl und vorurtheilslos urtheilender Gelehrter jemals eine Neue Welt - im Sinne des Columbus gesucht, geschweige denn gefunden.

Wir schließen damit unsere Skizze, deren Zweck es war, die so schwer zu erfassende Persönlichkeit des großen Seefahrers möglichst nach der Wirklichkeit zu beschreiben und zugleich von dem, was dieser Mann für die Hinausrückung unseres geographischen Horizonts geleistet hat, unseren Lesern eine übersichtliche Vorstellung zu vermitteln. Der Welttheil Amerika, wie ihn das wackere deutsche Schulmeisterlein Walzemüller in unrichtiger Abwägung der Verdienste des Columbus und des Amerigo Vespucci genannt hat, feiert in diesem Jahre das vierhundertjährige Jubiläum seines Eintretens in die Geschichte der Mensch-

heit; wir hoffen gezeigt zu haben, daß gleichzeitig und gleich-
werthig mit dieser Thatsache auch der Name des Mannes
gefeiert zu werden verdient, der dieselbe geschaffen, der Name
des Christoph Columbus.

Anmerkungen.

[1] Daß dieser Kreuzstab zum Messen von sphärischen Distanzen eine
der wenigen sicheren mittelalterlichen Erfindungen ist, und daß dem Regiomontan deshalb nicht die erste Verwendung desselben in der praktischen
Astronomie, wennschon eine Vervollkommnung und Erweiterung des
Beobachtungsverfahrens zuzuschreiben wäre, dies glaubt der Verf. in einer
früheren Veröffentlichung über diesen Gegenstand (Bibliotheca Mathematica,
herausgeg. von Eneström, 1890, S. 73 ff.) nachgewiesen zu haben.

[2] Es erscheint nach neueren Aufschlüssen über die Beziehungen des
Italieners Toscanelli, von dem im Texte noch mehr die Rede sein wird,
zum portugiesischen Hofe nicht undenkbar, daß aus der nämlichen Quelle,
welche, wie sich zeigen wird, die geographischen Anschauungen des Columbus
nachhaltig befruchtete, auch schon Behaim geschöpft haben könne. Die
Vorlagen, welche Letzterer benutzte, sind, wie Wieser mit Recht hervorhob,
bis jetzt noch nicht so genau bekannt, wie es zu wünschen wäre. Vgl. des
Verf. Schrift „Martin Behaim", Bamberg 1890.

[3] Die Columbus-Litteratur ist in unseren Tagen zu einem fast un-
übersehbaren Umfange angeschwollen. Einzelne Autoren, wie der treffliche
Harrisse und unser deutscher Historiker der Erdkunde, Sophus Ruge, haben
eine größere Anzahl von Abhandlungen und Schriften diesem stets inter-
essanten Gegenstande gewidmet; für eine etwas zurückliegende Epoche sind
Navarretes „Viajes y descubrimientos" zu nennen, deren fünf Bände
übrigens noch jetzt eine schätzbare Fundgrube darstellen. Die gesichertsten
Ergebnisse bietet zweifelsohne Ruges „Christoph Columbus", Dresden 1892,
welches Buch für die gegenwärtige Skizze in erster Linie zur Richtschnur
genommen werden mußte; für einzelne wichtige geschichtliche Fragen müssen
E. Gelcichs „Columbus-Studien" (Zeitschrift der Gesellschaft für Erdkunde
zu Berlin, 22. Band, S. 345 ff., S. 437 ff.) zu Rathe gezogen werden. Endlich hat sich in allerjüngster Zeit der beste Kenner der Entdeckungsgeschichte
unter den jetzt lebenden Italienern, L. Hugues, die Mühe gegeben, Columbus' Bedeutung für die Entwickelung der wissenschaftlichen Geographie

eingehend zu beleuchten (L'opera scientifica di Cristoforo Colombo, Turin 1892). Mustergültig, aber in manchem natürlich überholt, bleibt A. v. Hum-bolbts „Examen critique de l'histoire de la géographie du Nouveau Continent et des progrès de l'astronomie nautique dans les 15e et 16e siècles" (Paris 1835—38; deutsche Bearbeitung von Ibeler, Berlin 1852); die Frage des Geburtsjahres hat eine ausgezeichnete Bearbeitung erfahren durch D'Avezac (Année véritable de la naissance de Christophe Colomb, Bulletin de la société de géographie VI. série, vol. IV, 1872).

⁴ Vor kurzem ging durch die Zeitungen die Nachricht, daß die Be-wohner Savonas von Madrib aus benachrichtigt worden seien, neue in einem bortigen Archive aufgefundene Schriftstücke hätten den enbgültigen Nachweis für die Abkunft des Helben aus Savona erbracht. In dieser Stabt habe man baraufhin Freudenfeste gefeiert, wogegen die Genuesen sehr unangenehm berührt gewesen seien. Man wird gut thun, sich durch solch unkontrollirbare Mittheilungen nicht gegen die obige Darstellung, welche ja den beiden in Betracht kommenden Stäbten gleichmäßig ihr Recht zu theil werden läßt, einnehmen zu lassen. Nur anhangsweise sei bemerkt, daß auch der Flecken Cogoleto, ziemlich in der Mitte zwischen Genua unb Savona gelegen, ein Recht geltend macht; das angebliche Geburtshaus bortselbst ist mit einer älteren und einer neueren Gedenktafel geschmückt.

⁵ Eine — bei Ausgabe dieser Schrift eben bethätigte — Publikation Gelcihs im „Ausland" (1892, S. 469 ff.) macht uns mit der Thatsache bekannt, daß der junge Columbus auch mit Benebig Berbinbungen angeknüpft hatte, ehe er sich nach Westen wandte.

⁶ Die Fahrt, welche Columbus nicht bloß nach der Insel Thule (Jslanb), sondern sogar bis tief in das nörbliche Eismeer hinein unter-nommen haben sollte, ist völlig apokryph, wie von Thorobbsen mittelst Aufzeigung ber in der Erzählung enthaltenen Widersprüche dargethan worden ist (Ruge, a. a. O., S. 36 ff.).

⁷ Es handelt sich hier um eine angeblich echte Schrift des jüngeren Sohnes, deren Original jedoch nicht bekannt ist; vielmehr nur eine von Ulloa unter bem Titel „Historie del S. D. Fernando Colombo nelle quali s'ha particolare ed vera relazione della vita e de'fatti dell'Ammiraglio D. Christoforo Colombo, suo padre" besorgte Uebersetzung, die 1571 zu Bene-big herausgekommen ist. In diesem Werke geht Authentisches unb Unzuver-lässiges durcheinander, unb namentlich Harrisse hat die Glaubwürdigkeit der früher als klassisch anerkannten Zeugnisse desselben stark erschüttert, während ein anderer Geschichtschreiber, D'Avezac, zu Gunsten berselben aufgetreten ist. Gelcih giebt in der vorhin erwähnten Abhandlung eine eingehende Analyse der ganzen Streitfrage. Jebenfalls ist nicht alles nachher erst zurecht ge-macht, unb gerade die zitirte Angabe Fernanbo Colons über die väterlichen

Beweggründe wird nach Ruge (S. 44) durch die „Historia de las Indias" des las Casas (Madrid, neue Auflage 1875) bestätigt.

⁸ „Columbus liebt es, . . . sein Unternehmen in direkte Beziehung zur Sache Christi zu setzen, es als durch die messianischen Verheißungen der heiligen Schrift geweissagt darzustellen, den neu entdeckten Inseln vor allem die Namen des Erlösers, des heiligen Geistes, der Trinität oder christlicher Heiligen beizulegen und sich als einen neuen Christophorus zu betrachten, der das Evangelium über den Ozean tragen müsse." Zoeckler, Geschichte der Beziehungen zwischen Theologie und Naturwissenschaft, mit besonderer Rücksicht auf Schöpfungsgeschichte, 1. Abtheilung, Gütersloh 1877, S. 554. Vergl. ebenda S. 569 und S. 552.

⁹ Es fand sich später, daß Colon eine korrumpirte Lesart vor Augen gehabt hatte, indessen würde an dem Sinne, welchen er der Stelle unterlegte, auch durch die richtige Fassung nichts geändert worden sein.

¹⁰ Ueber die älteren Ansichten von der relativen Größe der Meere besitzen wir eine sehr tüchtige Spezialschrift von Wisotzki (Die Klassifikation der Meeresräume, ein Beitrag zur Geschichte der Erdkunde, Stettin 1883). Schon im ersten Buche Strabons findet sich eine im erwähnten Sinne zu bedeutende Bemerkung; späterhin that Albertus Magnus, der bedeutendste Polyhistor des Mittelalters, den Ausspruch (Peschel, Geschichte der Erdkunde, München 1877, S. 247): „Inter horizontem habitantium in climate illo juxta Gades Herculis et Orientem habitantium in India non est in medio, ut dicunt, nisi quoddam mare parvum." So falsch diese Angabe ist, so ermuthigend mußte sie auf Columbus wirken. Noch 1558 brachte Alexander Piccolomini in seiner zu Venedig erschienenen Monographie „De aquae ac terrae magnitudine" die Präponderanz des Festlandes in eine dogmatische Form, und die widerstrebende zutreffendere Ansicht vereinzelter Fachmänner, unter denen Hugues (a. a. O.) besonders den Wittenberger Professor Milichius namhaft macht, vermochte nicht durchzubringen.

¹¹ „D'Ailly erklärt sich", so heißt es bei Zoeckler (a. a. O., S. 461), „wider die Behauptung des Ptolemäus, wonach bloß ein Sechstel der Erdoberfläche von Menschen bewohnt, fünf Sechstel aber mit Wasser bedeckt seien; dieser Annahme widerspreche schnurstracks, was das 4. Buch Esra lehre, ein mit Recht von der Kirche heilig gehaltenes Buch, welches vielmehr das Land weit überwiegen und bloß ein Siebentel der Erde vom Meer bedeckt sein lasse." Die Bulgata kennt in der That vier Bücher Esra, von denen jedoch Luther nur ein einziges als ächt anerkannt und in seine Bibelübersetzung aufgenommen hat.

¹² Ruge, a. a. O., S. 52.

¹³ Eine deutsche Uebersetzung der wichtigen von Toscanelli ausge-

gangenen Schriftstücke kann bei Ruge (a. a. O., S. 55 ff.) nachgesehen werden.

[14] Welche Angelegenheit es war, die den Columbus in Konflikt mit der Polizei brachte, wissen wir nicht. Eine sonderbare Analogie aber waltet ob zwischen seinem Schicksale und dem des jungen Martin Behaim, des Sohnes des Kosmographen, denn als Letzterer die Heimathsstätte seines Geschlechtes aufsuchen sollte, mußte er auch wegen eines Vergehens in den Kerker wandern und wurde aus diesem erst durch die Intervention Roms und des Nürnberger Magistrates befreit. (Günther, a. a. O., S. 82.)

[15] Wie er es verstand, seine theologischen Batterien spielen zu lassen, um den Sinn des ebenso glaubenseifrigen als in weltlichen Dingen genauen Königs zu erweichen, bekundet am deutlichsten eines seiner Schreiben an diesen, aus dem wir eine Stelle nach Ruges Verdeutschung (a. a. O., S. 71) hier wiedergeben. „Ich kam als Abgesandter der heiligen Dreieinigkeit zu Ew. Majestät, als dem mächtigsten Fürsten der Christenheit, um den heiligen Glauben der Christenheit verbreiten zu helfen; denn es spricht in der That Gott so klar von diesen Gegenden durch den Mund des Propheten Jesaias an mehreren Stellen der heiligen Schrift, wenn er versichert, daß von Spanien aus sein heiliger Name soll verbreitet werden." Die Interpretation war etwas kühn, doch eben nicht ungeographisch, denn der Prophet spricht nur von den „Enden der Welt", an denen eben die Säulen des Herkules für die Zeit vor Christus unbestreitbar sich befanden.

[16] Insofern dieses Kloster räumlich den Wendepunkt in dem Lebensgange des Columbus bezeichnet, haben es die „Amerikanisten" zum Tagungsorte für ihren im Herbst 1892 abzuhaltenden Kongreß ausersehen.

[17] Hinsichtlich der Beziehungen zu Rabida sind zwei Auffassungen vorhanden, deren einer wir im Texte gefolgt sind, während nach der anderen Columbus von Anfang an mit den dortigen Vätern bekannt gewesen wäre; letztere ist die in den „Historien" enthaltene. Columbus habe seinen aus Portugal mitgebrachten Sohn der Obhut der Mönche anvertraut und habe denselben, als er unverrichteter Dinge von Cordoba und Sevilla zurückkehrte, vor seiner Abreise wieder abholen wollen. Harrisse und Gelcich machten gegen diese Lesart den begründeten Einwand, wie denn dann der Prior dem Gaste mit den Worten „Wer bist du, von wannen kommst du?" habe entgegentreten können, wenn Letzterer bereits ein alter Bekannter gewesen sei (a. a. O. S. 371). Für die Sache selbst ist dieser mehr formale Punkt ohne sonderliche Bedeutung. Da Hernandez seine Aussagen erst dreißig Jahre später, als die Begebenheit sich zutrug, gemacht hat, so ist diesen Angaben ein hoher geschichtlicher Werth wohl nicht beizulegen.

[19] In Verbindung mit dem Dresdener Münzkundigen Erbstein hat

Ruge (a. a. O., S. 77) die 1 140 000 Maravedis, auf welche der Staats-kasse urkundlich die erste Reise Colons zu stehen kam, in die uns geläufige Währung umgesetzt.

[19] Die Schiffe des Columbus werden als „Karawelen" bezeichnet. Originalabbildungen derselben sind nicht auf uns gekommen, doch sind unlängst in den von der österreichischen Marine herausgegebenen, zu Pola erscheinenden „Mittheilungen aus dem Seewesen" Zeichnungen dieser Schiffe, wie solche auf Grund der besten Nachrichten wahrscheinlich ausgesehen haben, enthalten gewesen.

[20] Ueber die auf menschliche Thätigkeit hinweisenden Driftfunde, die den Bewohnern der Azoren gelegentlich zu machen vergönnt war, verbreitet sich ausführlich Peschel, Geschichte des Zeitalters der Entdeckungen, Stuttgart 1858, S. 134 ff.

[21] Irgend genaue Messung der vom Schiffe zurückgelegten Wege war zu des Columbus Zeiten noch nicht möglich, vielmehr blieb damals der Schiffsführer auf eine rohe Schätzung angewiesen, und so mochte natürlich auch das „ehrliche" Tagebuch von der Wahrheit weit genug entfernt bleiben. Die Ersetzung der reinen „Giszung" durch ein messendes Verfahren, durch die Log-Rechnung, erfolgte erst später, nach Breusing um die Mitte des 16. Jahrhunderts. Allerdings bediente man sich schon früher, wie Pigafetta berichtet, einer vom Schiffe nachgeschleppten Leine, allein diese hatte nach den Aufschlüssen des genannten Historikers der Nautik (Zeitschr. der Gesellsch. f. Erdkunde zu Berlin, 4. Band, S. 106 ff.) nicht den Zweck, die gesegelte Distanz, sondern den, den Kurs zu bestimmen, d. h. ermitteln zu lassen, welchen Winkel die augenblickliche Direktion des Schiffes mit der Nordsüdrichtung bildete.

[22] Strenge genommen, kann auch die Fahrt, welche Diogo Cão und Martin Behaim (s. Günther, a. a. O., S. 27) im Jahre 1484 unternahmen, und welche zuletzt zur Entdeckung des Kongoflusses führte, als eine Hochseefahrt angesprochen werden, denn als man die Biafra-Bai mit ihren kleinen Inseln gekreuzt hatte, muß den Seefahrern das Land eine Zeitlang ganz aus dem Gesichtskreise entschwunden gewesen sein.

[23] Auf die Denkart des Entdeckers wirft es kein günstiges Streiflicht, daß er sich mit dem armen Matrosen, der die neue Welt zuerst erblickt haben wollte und sich nun um den von der Königin ausgesetzten Preis meldete, in einen förmlichen Prioritätsstreit einließ. Sollte wirklich, wie Zeitungen behaupteten, die Selig- (nicht Heilig-)Sprechung des Columbus angeregt sein, so würde der sogenannte Advocatus Diaboli sein Plaidoyer auf diesen einen Vorfall mit bester Aussicht auf Erfolg stützen können. Freilich hat man auch noch aus späterer Zeit Beispiele dafür, daß große Männer sehr egoistisch sein können.

²⁴ Wohl die gründlichste Prüfung der verschiedenen Momente hat Pietschmann (Beiträge zur Guanahani-Frage, Zeitschr. f. wissensch. Geographie, 1. Jahrgang, S. 6 ff.) vorgenommen. Ihm scheint für die Identität Guanahani=Watlings-Island vornehmlich die Thatsache zu sprechen, daß Ponce de Leon auf seiner Fahrt von Puerto Rico nach Florida die Insel berührt haben will, und daß Watling da liegt wo Ponces Kurs mit demjenigen des Columbus sich kreuzt. Reussel in Madrid kam zu demselben Resultate.

²⁵ Wir halten es hier für nöthig, auf eine bei Ruge (a. a. O., S. 113 ff.) erörterte Frage auch unsererseits einzugehen. Columbus giebt an, auf Kuba eine Polhöhe von 42° mit seinem Quadranten genommen zu haben, während die Polhöhe des betreffenden Ortes nur 21° beträgt. Um seinen Helden von dem Vorwurfe, ein sehr schlechter Beobachter gewesen zu sein, rein zu waschen, meinte Navarrete, der benutzte Quadrant habe wohl eine solche Eintheilung besessen, daß 42 am Limbus abgelesene Theile einem Peripheriewinkel von nur 21 solchen Theilen entsprochen hätten, und der Admiral habe sich nur ungenau ausgedrückt. Dem tritt Ruge sehr entschieden entgegen mit den Worten: „Es gab weder solche Instrumente, noch hätte Columbus schreiben dürfen, er befinde sich unter 42° nördlicher Breite." Letzteres trifft ganz gewiß zu, ersteres hingegen nicht nothwendig. Denn die ältere Nautik hatte in der That im „Seering" oder „Sonnenring" ein Instrument, welches auf die Ablesung der Peripheriewinkel — und nicht, wie sonst immer der Zentriwinkel — eingerichtet war, und bei dessen Anwendung ein momentanes Versehen in der angegebenen Richtung immerhin möglich erscheint. Näheres über das Verfahren, mit diesem Instrumente zu operiren, giebt Breusing an (Die nautischen Instrumente bis zur Erfindung des Spiegelsextanten, Bremen 1890, S. 34 ff.), der auch die Meinung ausspricht, daß dasselbe wohl schon im 15. Jahrhundert bekannt gewesen sein möchte. Ganz so unmöglich, wie sie Ruge erscheint, ist deshalb eine Ehrenrettung Colons wohl nicht, denn daß derselbe bei der Ablesung sich um ganze 21° geirrt haben soll, wird, wer nur je einmal einen Quadranten primitivster Konstruktion zur Hand genommen, für undenkbar halten müssen. Zudem ist auch nicht festgestellt, ob nicht am Ende Colon überhaupt gar keine direkte Beobachtung angestellt, sondern sich mit dem — in Note 36 berührten — indirekten Verfahren der Dauer des wahren Sonnentages begnügt hat, wobei ihm dann möglicherweise seine schlechte Uhr einen Streich gespielt haben könnte. Gelcichs wahrlich ohne Vorurtheil geschriebener, in der Charakterzeichnung sogar recht ungünstig ausgefallener Essay „Columbus als Nautiker und als Seemann", (Zeitschr. d. Gesellsch. für Erdkunde zu Berlin, 20. Band, S. 280 ff.) ist bis jetzt zu wenig beachtet worden. Wie der Verf. sich erst später überzeugte, hat auch Gelcich, ein erfahrener

Fachmann, die Möglichkeit wenigstens angedeutet, daß in dem konkreten Falle (auf Kuba) der Seering zur Anwendung gekommen sei.

[26] Die „Santa Maria" war an der Küste von Haiti gescheitert, die „Pinta" hatte sich wiederum eigenmächtig entfernt, und so blieb nur die „Niña", eine Nußschale, übrig, um den Admiral selbst und einen großen Theil seiner Untergebenen nach Spanien zurückzubringen.

[27] Hier in Barcelona soll sich auch die bekannte Geschichte mit dem „Ei des Columbus" ereignet haben, die wohl nur als „fable convenue" angesehen werden darf. Mit Voltaire weist Ruge (a. a. O., S. 132) die Sage als historisch zurück und erinnert daran, daß vielleicht eine Verwechselung des Columbus mit dem berühmten florentinischen Baumeister Brunelleschi vorliege. Dieser soll die Zweifler, welche sein Projekt einer ellipsoidischen Kirchenkuppel bekrittelten, widerlegt haben, indem er ein Ei eindrückte und so das Modell der den Dom zu Florenz schmückenden Kuppel herstellte.

[28] Auf der berühmten Erdkarte des Mercator, welche vor kurzem in Breslau der Vergessenheit entzogen wurde, ist die Scheidelinie eingezeichnet, und es ist derselben auch eine kurze Erklärung beigegeben. Vgl. E. Fischer, Drei Karten von Gerhard Mercator, Ausland, 1892, S. 279.

[29] In seinen Bericht an die Monarchen hatte Columbus, was ihm nicht zur Ehre gereicht, auch den Vorschlag eingeflochten, die ihm lästig werdenden Eigeborenen als Sklaven nach Europa zu verschiffen. Allein die Zeit war noch nicht „reif" zum Sklavenhandel; man ging in Madrid auf den unwürdigen Antrag nicht ein.

[30] Der Bruder Bartolomeo hatte sich lange in England aufgehalten und war seinem Bruder, als er von dessen Großthaten gehört hatte, nach Spanien gefolgt, wo man ihn mit offenen Armen empfing und ihm den Adel verlieh. Von klarem Verstande und strenger Rechtlichkeit, tüchtig als Seemann und Beamter, ist er, rein menschlich betrachtet, eine sympathischere Figur als der berühmte Bruder, dem er übrigens mit unwandelbarer Treue zugethan war. Bartolomeo starb am 12 August 1514 auf Haiti. Ueber ihn und andere Familienmitglieder giebt die beste Auskunft Harrisse: Les Colombo de France et d'Italie, fameux marins du XV. siècle, Paris 1874.

[31] Beide Widersacher Colons sahen ihr Vaterland nicht mehr, da das Schiff, welches sie nach Spanien zurückbringen sollte, in einem der furchtbaren westindischen Wirbelstürme unterging (Ruge, a. a. O., S. 148).

[32] Es ist strittig, ob Columbus selbst den Fuß auf festländisch-amerikanischen Boden gesetzt hat; vgl. E. v. Gagerns Abhandlung (Deutsche Rundschau für Geographie und Statistik, 7. Jahrgang, S. 385 ff.) über diesen Gegenstand. Er ist selbst weit davon entfernt, seinen Gründen voll

Beweiskraft zuzuschreiben, hält es aber für wahrscheinlich, daß der Admiral, ein anderer Moses, dieses gelobte Land seiner Hoffnungen nur vom Schiffs= verdecke aus betrachtet, nicht jedoch betreten habe.

[33] Diesen Namen führt bei den geographischen Schriftstellern der späteren Zeit die Halbinsel von Malakka, und noch lange Zeit danach kommt die Bezeichnung Hinterindiens als eines goldenen Landes bei dem arabischen Reiseschriftsteller Albirûnî vor.

[34] Vgl. Breusing, Regiomontanus, Martin Behaim und der Jakobs= stab. Zeitschr. d. Gesellsch. für Erdkunde zu Berlin. 4. Band, S. 97 ff. Wenn die Portugiesen um 1482 durch Behaim mit der Handhabung des Grab= stockes vertraut gemacht wurden, so ist es freilich schwer begreiflich, warum die spanischen, ein paar Meilen östlich wohnenden Seeleute zehn Jahre später ein so werthvolles Beobachtungswerkzeug nicht gekannt haben. Zu lösen vermögen wir diese Frage nicht, und nur eine Muthmaßung ist es, wenn wir annehmen, daß die in nautischen Dingen bis aufs Höchste ge= steigerten nationalen Eifersüchteleien der beiden südwestlichen Königreiche eine Rolle gespielt haben. Wohl ist es denkbar, daß Portugal aus der neuen Methode ein Staatsgeheimniß gemacht und die Anwendung derselben nur auf Regierungsschiffen zugelassen hat.

[35] Ruge, a. a. O., S. 157.

[35] Hugues, a. a. O., S. 117. Ebendort (S. 137) wird auch barge= than, daß die Beobachtungen Colons unter Umständen wirklich nicht so schlecht waren. Am 13. Dezember 1492 maß Jener mittelst einer Sanduhr die Länge des Tages — der Zwischenzeit zwischen Auf= und Untergang der Sonne — und fand dafür 10ᵏ, während er, wenn sein Zeitmesser ein besserer gewesen wäre, 10ʰ 48ᵐ für jenen Küstenpunkt von Haiti hätte finden müssen. Nach der bekannten Formel cos s= tang 23° tang φ, wo φ die (unbekannte) Polhöhe, s den der Zeit 5ʰ 24ᵐ resp. 5ʰ entsprechenden Stundenwinkel be= deutet, ergiebt sich aus der falschen und aus der richtigen Zeitmessung resp.

$$\varphi = 31^\circ 22' \text{ und } \varphi = 20^\circ.$$

Die Differenz, über 11°, ist freilich auch wieder eine große, allein es ist nicht recht einzusehen, wie ein die Sternkunde seiner Zeit vollkommen be= herrschender Fachmann mit seinen ärmlichen Hülfsmitteln mehr sollte haben leisten können.

[37] Vgl. R. Wolf, Geschichte der Astronomie, München 1877, S. 446 ff., S. 613.

[38] Ueber die bekanntlich mitunter verwechselten Leistungen Balboas und eines späteren englischen Entdeckers verbreitet sich E. Hahn (Sir Francis Drake auf dem Isthmus von Panamá, Ausland, 1892, S. 228 ff.).

[39] Eine neuerdings veröffentlichte Abhandlung von Hautreux (Les connaissances géographiques sur l'Atlantique au temps de Christophe

Colomb, Société de géographie commerciale de Bordeaux, 15. année, 2. série. S. 328 ff.) stellt sich zur Aufgabe, das geographische Wissen, welches sich Columbus aus vorhandenen Werken und Karten aneignen konnte, übersichtlich zu skizziren. Diese Absicht ist dem Autor auch gut gelungen, wiewohl gleich auf der ersten Seite eine Stelle sich findet, welche geeignet wäre, ein ungünstiges Vorurtheil zu erwecken. „On sait," so heißt es dort, „que pendant son séjour à Lisbonne, Colomb eut des relations avec Martin Behaim et avec Toscanelli." Nun ist aber durch die sorgfältigsten Untersuchungen auch nicht die Spur eines Wahrscheinlich-keitsgrundes dafür gefunden worden, daß Behaim und Colon sich persön-lich gekannt oder etwa miteinander korresponbirt hätten.

[40] Hugues, a. a. O., S. 121 ff.

[41] Lediglich für Kuba trifft dies nur bebingt zu, da Colon dessen Inselcharakter nicht nur nicht anerkannte, sondern sogar protokollarisch das Gegentheil feststellen ließ.

[42] Hautreux, a. a. O., S. 353.

[43] Günther, Die Lehre von der Erdrundung und Erdbewegung im Mittelalter bei den Abendländern, Halle 1877.

[44] Ruge, a. a. O., S. 142.

[45] Wegen des ganzen hierher gehörigen Hypothesenzyklus wäre zu vergleichen: Günther, Aeltere und neuere Hypothesen über die chronische Verlegung des Erdschwerpunktes durch Wassermassen, Halle 1878. Die aus der patristischen Periode stammenden Deutungen der örtlichen Lage des Paradieses hat der gelehrte Letronne zum Gegenstande eines Send-schreibens an A. v. Humboldt gemacht, welche Letzterer in seinen „Kritischen Untersuchungen (2. Band, S. 82 ff.) zum Abdrucke brachte. Auch der inhaltreiche, ob auch nicht durchweg als objektive Geschichtsquelle zu ver-werthende „Essai sur la cosmographie et la cartographie pendant le moyen âge" (Paris 1849—52) des Portugiesen Santarem behandelt zu verschiedenen Malen die hier obschwebende Frage. Ebenso vertritt Kretsch-mer (Die physische Erdkunde im christlichen Mittelalter, Wien-Olmütz 1889. S. 71) unabhängig eine mit der oben ausgesprochenen übereinstimmende Ansicht; Columbus habe geglaubt, jenen „Wasserbuckel" aufgefunden zu haben, von dem allerdings schon Dante in der Streitschrift „De aqua et terra" gezeigt hatte, daß er gar nicht existire.

[46] Siehe hierüber die überzeugende Darlegung Breusings in den „Verhandlungen des dritten deutschen Geographentages", Berlin 1883. S. 174.

[47] Die früher gehegte und auch bei Hugues (a. a. O., S. 24) repro-duzirte Ansicht, daß schon um die Mitte des 13. Jahrhunderts Pierre de Maricourt (nicht Mirecourt), fälschlich in vielen Büchern unter dem Namen

Petrus Absigerius figurirend, die Abweichung der Kompaßnadel von der Mittagslinie erkannt habe, will uns nach der gründlichen Prüfung aller einschlägigen Dokumente durch Pater Bertelli (Bolletino di bibliografia e di storia delle scienze matematiche e fisiche, Tomo VII, S. 1. ff.) nicht mehr als zulässig erscheinen. Wir erachten diesen Konkurrenten Colons für keinen gefährlichen.

⁴⁸ A. v. Humboldt, Kosmos, 1. Band, Stuttgarter Neue Ausgabe. S. 129.

⁴⁹ Noch zu einer viel späteren Zeit finden wir ähnliche Vorstellungen bei dem Niederländer Huygens van Linschooten (s. Günther, Johannes Kepler und der tellurisch-kosmische Magnetismus, Wien-Olmütz 1888).

⁵⁰ Humboldt hat (Kosmos, 2. Band, S. 218 ff.) die sehr merkwürdigen Ausführungen Colons über die geophysikalische Bedeutung der Null-Jsogone ins Deutsche übertragen. „Jedesmal," so schreibt letzterer in einem im Oktober 1498 von Haiti datirten Briefe, wenn ich von Spanien nach Jndien segle, finde ich, sobald ich hundert Seemeilen nach Westen von den Azoren gelange, eine außerordentliche Veränderung in der Bewegung der himmlischen Körper, in der Temperatur der Luft und in der Beschaffenheit des Meeres. Jch habe diese Veränderungen mit besonderer Sorgfalt beobachtet und erkannt, daß die Seekompasse, deren Deklination bisher im Nordosten war, sich nun nach Nordwesten hinüberbewegten, und wenn ich diesen Strich, wie den Rücken eines Hügels, überschritten hatte, fand ich die See mit einer solchen Masse von Tang, gleich kleinen Tannenzweigen, die Pistazienfrüchte tragen, bedeckt, daß wir glauben mußten, die Schiffe würden aus Mangel an Wasser auf eine Untiefe auflaufen. Vor dem eben bezeichneten Striche aber war keine Spur von solchem Seekraute zu sehen." Nicht minder seien das Aussehen des Meeres und die klimatischen Verhältnisse diesseits der magnetischen Grenzlinie andere, als jenseits; auch die alte Jrrlehre von der Auftreibung der Erdkugel (s. S. 48) spielt wieder mit herein. Da weiter nach Westen die Erde angeschwollen ist, so „gelangen die Schiffe allmählich in größere Nähe des Himmels, wenn sie an den Meeresstrich kommen, wo die Magnetnadel nach dem wahren Norden weist; eine solche Erhöhung ist die Ursache der kühleren Temperatur." — Wenn Humboldt (a. a. O.) bemerkt, daß schon auf einer Seekarte des Andrea Bianco vom Jahre 1436 die Mißweisung vermerkt sei, so kann dies doch natürlich Colons Verdienst um die Feststellung und Verfolgung dieses Elementes nicht beeinträchtigen.

⁵¹ Gelegentliche Andeutungen über klimatische Verschiedenheiten reichen allerdings schon in frühere Zeiten zurück; vgl. Günther, Notiz zur Geschichte der Klimatologie (Bibliotheca Mathematica, herausgeg. von Eneström, 1887, S. 65 ff.).

⁵⁴ Das Wort Tangwiesen („Praderias de yerva") ist nach Humboldt (Kosmos, 1. Band, S. 224) eine Erfindung des Oviedo: die Bezeichnung ist insofern eine zu drastische, als man nun jahrhundertelang die Oberfläche der See viele hunderte Kilometer weit mit Sargassopflanzen so dicht bedeckt wähnte, daß darunter das Wasser vollständig verschwinde. Hiergegen wandte sich ein vielgereister deutscher Naturforscher, Kuntze (Botanische Jahrbücher für Systematik, Pflanzengeschichte und Pflanzengeographie. 1. Band, S. 191 ff.), allein er verfiel nun etwas in das entgegengesetzte Extrem und leugnete das Pflanzenmeer so gut wie gänzlich. Das richtige Gleichgewicht dürfte erst neuerlich hergestellt worden sein durch Krümmel (Petermanns Geograph. Mittheilungen, 1891, S. 129 ff.); dieser Gelehrte lernte anläßlich der wissenschaftlichen Expedition des deutschen Dampfers „National" die Meerestheile kennen, in denen sich die Fukusmassen ansammeln, und konstatirte, daß die eigenthümliche Pflanze, welche das Hauptkontingent zu diesen Bänken stellt und bereits von Columbus als Sargazo angeführt wird, eine Landpflanze ist, von der alljährlich am Gestade Südamerikas große Mengen losgelöst und durch Winde und Meeresbewegung in den strömungslosen Gegenden des Atlantischen Ozeans zu theilweise recht kompakten Ablagerungen zusammengetrieben werden.

⁵⁵ Humboldt, Kosmos, 1. Band, S. 224.

⁵⁴ Ebenda (S. 329) wird, nach Rennell, hervorgehoben, daß dort, wo die Strömung sich den Antillen nähert — und in deren Nähe geriethen eben die Schiffe des Columbus in den ozeanischen Strom — die Geschwindigkeit dieses letzteren eine überaus große ist.

⁵⁵ Hugues, a. a. O., S. 117.

⁵⁶ Humboldt, Kosmos, 2. Band, S. 41.

⁵⁷ Ruge, a. a. O., S. 159. „Den Namen „Indios" gab Columbus den Eingeborenen der Neuen Welt schon vom 15. Oktober ab, also bereits nach drei Tagen; er wollte damit sagen, daß er Indien erreicht habe, die Bewohner also Indier seien."

⁵⁸ Ob man, wie Gelcich andeutet, den jungen Columbus für einen wirklichen Seeräuber zu halten hat, muß freilich unentschieden bleiben. Wir halten eine so weit gehende Hypothese nicht für erforderlich. Er war ein Genuese, Abkömmling einer Stadt, der man im Mittelalter nicht viel Gutes in sittlicher Beziehung nachsagte („uomini senza fede, donne senza vergogna"), und wenn er auch gerade kein Pirat war, durfte doch auch das gewöhnliche Schifferleben, wie er es durchgekostet hat, nicht gerade für eine Schule der Moral gelten. — Daß es aber einen Seeräuber Columbus wirklich gab, stellte Berchet urkundlich fest.

⁵⁹ Außer der neuen Monographie, welche in diesem Schriftchen so häufig zitirt wurde, kommen aus älterer Zeit in Betracht: Die Welt-

anschauuug des Columbus, Dresden 1876; Geschichte des Zeitalters der Entdeckungen, Berlin 1881.

[60] Die gegen Ruge gerichteten Angriffe von Wappäus (Gött. Gel. Anzeigen, 1877, I., S. 562 ff.) und Zöckler (a. a. O., S. 752) gehen uns viel zu weit. Man kann rein geschichtlich den Vorwurf erheben, daß Ruge den Columbus zu sehr unter dem Gesichtspunkte des modernen Gelehrten betrachtete, aber wir können nicht einsehen, wieso dieser Umstand, der doch nichts Seltenes ist und nichts Unbegreifliches darbietet, eine derartig fulminante Philippika, wie diejenige von Wappäus, auslösen konnte.

[61] Wir haben hier die beiden sehr anerkennenden und nur in dem einen erwähnten Punkte gegen den Autor sich wendenden Besprechungen im Auge, welche Ruges „Christoph Columbus" in der „Nation" (9. Jahrgang, Nr. 26) und in den „Verhandlungen der Gesellschaft für Erdkunde zu Berlin" (19. Band, Nr. 4) erfahren hat. Diese letztere, ziemlich ausführliche Rezension entstammt der Feder Gelcichs.

[62] Ausland, 1892, Nr. 16.

[63] Gelcich, Columbus als Nautiker und als Seemann, S. 287: „Aber die That, die That doch, muß dem Columbus gelassen werden."

[64] Paulsen, Geschichte des Gelehrten Unterrichtes, Leipzig 1885, S. 131 ff.: „Es giebt Menschen, die eine ganze andere Konstitution haben, Männer, die ganz Wille sind ... Zu ihnen gehören fast alle Diejenigen, deren sich die Geschichte bedient, um große und plötzliche Wendungen herbeizuführen. Luther gehört zu ihnen ... War Luther ganz Wille, so war Erasmus ganz Intellekt, wie es die Natur mit großer, man möchte fast sagen, erschreckender Deutlichkeit auf die beiden Physiognomien geschrieben hat."

[65] Nach den in Duros Werk „Colón y Pinzón" (Madrid 1883) enthaltenen Eröffnungen mußte man annehmen, der seemännisch allerdings sehr geschickte ältere Pinzon wäre solch' ein guter Geist und Berather für Colon gewesen, allein das Urtheil über Jenen ist sicher ein zu wohlwollendes: auch Pinzon war ein strammer Egoist, der gerne auf eigene Hand sich einen Theil von Colons Ruhm angeeignet hätte.

[66] Mit Vergnügen fand Schreiber dieser Zeilen die Parallele zwischen Columbus und Luther angedeutet in dem zitirten Artikel der „Nation", nachdem er selbst schon vorher — in einem 1887 zu Augsburg gehaltenen, jedoch nicht gedruckten Vortrage, — den erwähnten Vergleich weiter ausgeführt und als auch in vielen Einzelheiten stimmend nachgewiesen hatte.

[67] Erschienen ist ja das bahnbrechende Werk des Coppernicus „Revolutiones orbium coelestium" erst 1543, im Todesjahre des Autors, aber wir werden in der Annahme nicht fehlgehen, daß die vierzigjährige Arbeit, welche an diese geniale Leistung gesetzt wurde, nur der Begründung und Einzelausführung des Systemes galt, während schon dem Dreißigjährigen zu einer Zeit, da

Columbus noch am Leben war, die Grundzüge der neuen Weltordnung in den Hauptpunkten feststanden. Die zeitliche Differenz zwischen den drei eine neue Zeit anbahnenden Großthaten der Menschheit — Entdeckung der Neuen Welt, Kirchenreformation, Verdrängung der Erde aus ihrer zentralen Weltstellung — ist demnach gar keine sehr große. So spricht sich auch Humboldt aus (Kosmos, 2. Band, S. 236): „Es ist bereits erwähnt worden, wie das Zeitalter von Columbus, Gama und Magelhaens, das der nautischen Unternehmungen, verhängnißvoll mit großen Ereignissen, mit dem Erwachen religiöser Denkfreiheit, mit der Entwickelung eines edleren Kunstsinnes und der Verbreitung des coppernicanischen Weltsystemes zusammentraf."

⁶⁸ Vgl. Prowe, Nikolaus Coppernicus, 1. Band, 2. Theil, Berlin 1883, S. 273 ff., S. 282. In seinem „Encomium Borussiae" berichtet Rheticus, der seine Wittenberger Professur eigens aufgegeben hatte, um sich von Coppernicus selbst in das Wesen der neuen Lehre einweihen zu lassen, der Meister habe von der Veröffentlichung seiner Ideen absehen wollen, „um keinen Streit unter den Gelehrten zu erregen". Wer erkennt nicht sofort die Uebereinstimmung mit dem gleichgesinnten Erasmus, der gegen Luther schreibt, „selbst die Wahrheit sei ihm zuwider, wenn sie zu tumultuarischen Auftritten Veranlassung gebe" („ut veritas etiam displiceat seditiosa").

⁶⁹ Die hie und da verlautbarte Meinung, Coppernicus habe sich in seinen späteren Jahren der lutherischen Lehre geneigt gezeigt, eine Meinung, die darin ihre Stütze fand, daß Jener bei den überaus rigoros denkenden Prälaten Dantiscus und Hosius nicht recht gut angeschrieben war, ist von Prowe (a. a. O., S. 167 ff.) einer eingehenden Untersuchung unterzogen worden. Es geht daraus hervor, daß der große Astronom, unter dem Einflusse seines Freundes Tiedemann Giese, sich lebhaft für die damals viel besprochenen Versuche einer Reinigung der alten Kirche und eines darauf begründeten allgemeinen Kirchenausgleiches interessirte, zu keiner Zeit aber an ein Ausscheiden aus dem Verbande dachte, mit dem er durch Tradition und Lebensgewohnheit sich auf das Innigste verknüpft fühlen mußte.

⁷⁰ Von den fast zahllosen Biographien, die wir von Kepler besitzen, kommt unserer Ueberzeugung nach keine dem Ziele, diesen tiefen und vielgestaltigen Charakter richtig zu kennzeichnen, so nahe, wie das anspruchslose Gelegenheitsschriftchen von W. Förster „Johann Kepler und die Harmonie der Sphären" (Berlin 1862). In wesentlich gleicher Richtung verfuhr Schreiber dieser Zeilen, als er für die „Allgemeine Deutsche Biographie" das Lebensbild des — vielleicht nicht größten, sicher jedoch — feinsinnigsten deutschen Astronomen zu zeichnen hatte.